中国大恐慌の闇

経済崩壊に続く
体制崩壊、
政治大動乱の
幕開け

石平
Seki Hei

ビジネス社

はじめに　習近平体制崩壊と政治的大動乱の幕開け

本書の本文では詳しく記しているように今、中国の習近平《しゅうきんぺい》体制の中枢部において、習近平主席とナンバー2の李強《りきょう》首相との深刻な軋轢《あつれき》が生じてきている。

ことの始まりは昨年の10月、習氏が国家主席として初めて中国人民銀行（中央銀行）を訪問して「現場指導」を行った。その訪問に、李首相が随行も立ち合いもしていなかったことは大いに注目された。

本来、中央銀行はまさに首相の直接所管であって、国家主席が首相の頭越しに人民銀行を訪問するのはまずは異例なこと、その訪問に首相が立ち合っていないのは尚更異例なことである。

どうやら習主席が金融危機の管理に対する李首相の仕事ぶりに不満を持ち、自ら現場指導に乗り出したのではないかとの観測が広がった。理由がどうであれ、習主席の異例づくしの中央銀行訪問は、主席と側近の李首相との間で不協和音がすでに生じてきていることを意味する。

その後、習主席が李首相抜きの重要会議を主宰することは度々あったが、今年の5月にはとうとう習主席主宰の中央政治局会議が、政治局常務委員である李首相を抜きにして開催されるという前代未聞の事態が生じた。

しかも今回の政治局会議の討議テーマが「中部地方崛起《くっき》促進の政策措置」と「金融リスクを防止するための責任制度に関する規定」である。それは本来、経済所管の李首相こそが出席しなければならない会議である。

ここまで来たら、習主席による「李首相排除」はもはや明々白々の事実となっている。それに対し李首相のほうも7月あたりから「反撃」に出た模様である。

7月19日、その前日に閉幕の共産党三中総会の結果を受け、国務院、全人代常務委員会、政治協商会議、そして党の中央規律検査委員会という4つの最高機関はそれぞれ、「三中総会の精神を学習する」会議を開いた。この4つの学習会のうち、全人代・政治協商会議・中央規律検査委員会のそれらは一概に、「習近平総書記の指導的地位の確立と習近平思想の指導理念としての確立（二つの確立）」を訴えて習主席に対する擁護と忠誠を表明している。ところが唯一、李首相主宰の国務院会議は例の「二つの確立」に対する言及はまったくなく、他の三機関との鮮明な違いを見せた。中国の政治文化の中では、それはまさに李首相による「習近平離反」の挙動として理解される。

8月4日、李首相主宰の国務院会議は「消費・サービス業の発展促進に関する意見書」を公布した。その中で、「学習支援産業の発展促進」がサービス業促進の具体策として打ち出された。しかし中国国内では周知されているように2021年7月、他ならぬ習主席の意向を受けて事実上の「学習塾禁止令」が敷かれた。したがって李首相主導の「学習支援産業の発展促進」は誰から見ても、まさに「習近平政策」からの百八十度の転換であって、独裁者の習主席に対する事実上の「造反」であると捉えられる。

そして8月初旬から15日まで、中国共産党恒例の非公式会議の「北戴河《ほくたいが》会議」が避暑地の北戴河で開かれたと思われるが、本書の第一章で詳しく記述したように、どうやらこの北戴河会議で習主席が党内の長老たちからの厳しい批判に晒《さら》されて「自己批判」を余儀なくされた模様である。

「北戴河会議」が終わってから、「反習近平色」を強めてきている李首相はむしろより一層の活躍ぶりを見せることとなった。例えば8月17日から30日までの14日分の人民日報一面に、習主席が登場したのは7日分であるのに対し、李首相は何と8日分の人民日報一面に単独登場している。重要会議を主催したり国内視察を行ったり首相として外遊したりして、中国政治の中心人物となっていく勢いであった。

しかしこの李首相に対し、習主席の嫌がらせはやはり止まらない。8月24日、習主席がわざと、李首相が外遊先から帰国途中の日時を選んで李首相不在の政治局会議を開き、あまりにも露骨な「李首相排除」を再び演じて見せた。

このようにして今の習近平政権の中枢部では、最高指導者の習主席と党内序列ナンバー2の李首相との軋轢が拡大して、すでに顕在化しているわけである。

中国共産党政権歴史上、政権のナンバー1とナンバー2との間の軋轢ないし権力闘争がつきものであって、時には大きな政治動乱を生むこともある。例えば毛沢東《もうたくとう》時代、毛沢東はナンバー2の劉少奇《りゅうしょうき》とその一派を打倒するために文化大革命という名の紅衛兵《こうえいへい》運動を発動した。そして劉少奇に取って代わってナンバー2となった林彪《りんぴょう》元帥は今度、毛沢東に対するクーデターに失敗して非業の死を遂げた。

今、すでに始まった習主席と李首相との対立は今後どういう結果を生むのか、まさに注目すべきところだが、その成り行きによって、習近平体制はその中枢部から分裂が起きてしまい、文化大革命時代のような権力闘争が起きてくる可能性は大。いよいよ、体制崩壊と政治大動乱の時代の幕開けである。

第2章 大恐慌時代に沈む中国の惨めな荒廃

第3章 ここまできた中国社会の退廃ぶり

第4章 かくして人民解放軍は習近平夫婦の私兵部隊になるのか？

第5章 連戦連敗を続ける習近平外交

第6章 今後も変わらぬ米中対立の〝構図〟

第7章

共産党政権史上初めて起きた国務院総理の実質排除

最終章 政治安全の死守が産み落とした習近平の支離滅裂

序章

国家主席がつるし上げられた真夏の中国異変

発信源はノーベル平和賞学者劉暁波氏の支持者

本年8月16日に開催された国務院全体会議において、「李強首相が公然と習近平排斥に出た」と筆者は主宰するネット番組や講演会などで皆さんに伝えた。そしてその背景には、直前に開かれた恒例の北戴河会議で何らかの異変が起きた可能性があると述べた。

筆者がいわゆる「北戴河異変」の内幕についてコンタクトできたのは、米国在住の中国系知識人によるX（旧ツイッター）を通じてであった。その衝撃的な内部情報はいまも、世界の中国語SNS上で拡散中である。

内部情報の発信者は米国在住の呉祚来《ごそらい》氏。1984年に安徽師範大学史学部卒業。文芸誌の編集者を務めた後に文芸評論誌発行の公司（会社）総経理（社長）に就任。だが、2008年に中国の民主化を推進するための「零八憲章」の制定に関わったことで免職処分を受けた。

この零八憲章とは、中国人でノーベル平和賞を獄中で受けた劉暁波《りゅうぎょうは》氏が中心となって起草した、中国での三権分立の憲政確立や人権状況改善を訴えたものである。

呉祚来氏は２０１２年に渡米。現在は米国を拠点に政治評論を中心とする幅広い評論活動に従事してきた。Xでは27万人の中華系フォロワーを獲得。

8月15日、16日、呉氏は2日連続で自らのXにおいて「北戴河伝真」のタイトルを打ったレポートにより、今回の北戴河会議の内幕を伝えた。

それには長老たちによる習近平に対する激しい批判、習自身の自己批判を受けて成立した「北戴河コンセンサス」の中身がそうとう具体的に記されていた。

ただし、これらがすべて確実な情報なのか、呉氏の創作が混じっているのか、現時点では正式な評価は定まっていない。

けれども、劉暁波氏を支え続けた呉氏の経歴と素性から、彼が安易にデマゴーグを流す人物とはとても思えない。なによりも今回、呉氏が伝えてきた中身の生々しさと具体性と張りつめた臨場感に、筆者が〝圧倒〟されたことを読者諸氏に申し上げておきたい。

そこで現時点においては参考資料の扱いとはいえ、その一部を抜粋して皆さんにお伝えするとともに、筆者自身の感想を記すことにする。

もっとも苛烈だった最長老・宋平氏による辞任要求

呉祚来氏が真っ先に報告したのは、中共長老たちによる〝習近平批判〟の内容であった。

一番手は、現在はゆうに齢100歳を超える最長老、元政治局常務委員・宋平《そうへい》氏（1917年生まれ）による書面発言（秘書による代読）。

「習近平同志は政治・経済・外交の多方面で意思決定の厳重なる〝過ち〟を犯した。その結果、中国共産党と国家に挽回のできない損失を与えた。本人はそれを深く反省しなければならない。

また、習近平同志の精神状態と健康状態を鑑み、適切な時期と適切な形で指導者の立場から退き、党内民主のやり方で次期指導者を選出することを提案する」

続いたのは前国家主席・胡錦濤《こきんとう》氏。これも書面発言であった。筆者には意外な感じがした。宋平発言の文面が厳しさにあふれていたのに対し、胡錦濤氏のものは少し生ぬるいのではないかと感じたからだ。胡錦濤氏の文面は以下の通り。

「習近平同志の政策方針は出発点こそは善意からであったが、その後の〝個人崇拝〟の推進におおいに問題があった。ウクライナ戦争でロシアと組んだことは、中国と西側との関係と経済建設に不利をもたらした。習近平同志がそれを深く反省し、改めることを期待する。なお、習近平同志には終身独裁をやめてほしい。それは党と国家に百害あって一利なし」

読者諸氏のなかには鮮明にその〝場面〟を覚えておられるかもしれない。2022年10月に人民大会堂で開催された党大会の最終日。会議で新指導部人事に対して疑問を呈した胡錦濤氏は、習近平の指図で発言を唐突に遮られ、そのまま〝退場〟させられた。その場面は世界中に放映され、同氏は天下の〝大恥〟を晒した結果となった。

習近平に恨みを抱く胡錦濤氏ならば、宋平氏より苛烈な文言を浴びせて不思議はないと、筆者は思っていたからである。

いよいよ次に登場したのは文書ではなく、リア

退場させられる胡錦濤

ル発言一番手の元首相・朱鎔基《しゅようき》氏であった。彼は江沢民《こうたくみん》時代の首相だったが、おそらく中共歴代指導者のうちでもっとも頭脳明晰、なおかつ世界レベルで通用した人物ではなかったろうか。

「習近平同志は近年で起きた災難的な諸問題に対し、重大な責任がある。習近平同志のやり方により、改革開放の成果は〝台無し〟にされ、国家は破産に向かっている。習近平同志には個人崇拝をやめてほしい。過ちを正して、真面目に仕事をこなしてもらいたい」

ここで分かるのは、朱鎔基氏はここまで習近平を非難したにもかかわらず、彼の〝退陣〟を要求していないことだ。したがって、一番手の宋平氏の内容と比べると、多少の〝温度差〟を感じざるを得ない。

その次は元首相の温家宝《おんかほう》氏のリアル発言。

「習近平氏の独断専行と権力濫用は深刻な災難を招き、政治・経済・外交・軍事など各領域において大危機をもたらした。今後は政治局常務委員会のメンバーたちは集団的指導体制で責任を持って、各々が管轄する分野の仕事をまっとうし、情勢を安定化に導かなければならない」

2027年秋党大会後に引退を表明したバカ殿

先に記したのが、呉祚来氏が伝えてきた、長老たちが発した習近平批判のあらましである。各人の批判にはそれぞれ確かに差異はあるとはいえ、習近平政治が中国に「災難的な結果」をもたらしたことについては一致を見ている。

なお、宋平氏が習近平の退陣を求めたのに対し、他の長老は単に彼に対し「反省と過ちの是正」を求めるに〝留まって〟いる。

さて、ここからが注目すべき、長老たちから批判を受けた習近平の〝反応〟である。習近平は下記の4つの点について過ちを認めて反省・是正を表明したと、呉祚来氏は綴《つづ》っている。それは以下の通り。

①（自分に対する）個人崇拝の推進は過ちであり、それを反省・是正する。
②外交上に厳重な誤りがある。ロシアの戦争を支援したことは欧米を敵に回してしまい、わが国の対外開放と経済建設に厳重な悪影響を与えた。戦狼外交の推進も過ちであった。
③経済運営においては、国有企業を重要視するあまり民営企業を軽視し、国務院の仕事に

干渉しすぎた。

④人事面では自分の熟知する幹部（すなわち側近）ばかりを重用し、老指導者（長老）たちの意見に耳を傾けなさすぎた。

こうした上で習近平は、現在の政権3期目の任期が満了（2027年秋党大会）すれば〝引退〟すると表明。今後3年間で次期指導者を見い出し、当該人物を育てることに尽力したいと約束した模様である。

今夏の北戴河コンセンサスで分かった中国のゆくえ

呉祚来氏曰《いわ》く、今回の北戴河会議の参加者たちは以下の8項目コンセンサスで合意（北戴河八項目共通認識）したとされる。

①習近平同志は党と国家の重大なる意思決定において重大なる過ちを犯し、党と国家に災難的な悪影響を与えた。本人はそれを深く反省しなければならない。

②今後、中央の政策方針は一人の独断で決めてはならない。個人崇拝はあってはならない。集団的指導体制に戻るべき。

③党と政府の仕事の分担を明確に決め、党は国務院の仕事に干渉し、それを代行してはならない（これは筆者がこれまでさんざん取り上げてきた、李強首相がすべき仕事を習近平がことごとく取り上げてきたことを指す）。
④ロシアの侵略戦争を支持しない。欧米との関係を修復・改善しなければならない。
⑤香港の自治権を尊重し、台湾海峡の平和を維持し、周辺国との対立を緩和すべきである。
⑥経済の発展と民営経済の促進に尽力し、社会安定の維持を重要視すべきである。
⑦人事における側近重用をやめる。人材を広く登用し、次期指導者を育成することは急務（現習近平体制の下、次期指導者は宦官《かんがん》を抜きにして皆無）。
⑧政治改革をテーマとする議論を深め、党内民主の推進に尽力すべきである。

以上、筆者が連綿と記してきたのは、米国在住の中国系知識人・呉祚来氏が内部情報（レポート）として伝えてきた「北戴河異変」の一部内容である。真偽のほどは現時点では不明であるが、他方、これらが偽りだと否定する根拠もない。

ただし、今回の北戴河会議後の李強首相の態度、行動の大幅な〝変化〟から察するに、これは稀に見る衝撃の「チャイナレポート」の可能性が高いと筆者は捉えている次第である。

本書第8章で記した李強による習近平に対する大胆な当てつけ、政策変更の数々がその根っこにあったのだと、筆者は気付かされた。李強による反逆の〝萌芽〟は、かなり前から粛々と蓄えられてきたに違いない。

本書のなかで紙幅を大きくとった「習近平国家主席と李強首相の確執」をじっくりと読んでいただくと、なるほどこうした前哨戦を経て今日に至ったかが腹に落ちるはずである。

中国共産党中枢部では、政治・経済・外交の多方面において、習近平政治に対する全面的批判・清算が行われたと思われる。

今後はいわば集団的指導体制の下で、習近平政治に対する全面的な〝軌道修正〟が行われていく可能性もある。

そうすると2027年秋の党大会までには引き続き習近平政権ではあるものの、その内実には大きな変化が起きて、習近平個人独裁体制は終焉するかもしれない。

「8項目コンセンサス」が現実の政治に実行されていくのかどうか？　ひいては習近平個人独裁体制が終焉することになるのかどうか？

読者諸氏とともにチェックの目を光らせていく所存である。

共同通信による朗報

ここまで序章原稿を書いてきたところ、8月23日、北京発共同通信の衝撃の〝一報〟が飛び込んできた。タイトルは「鄧小平《とうしょうへい》路線継承　習氏が強調」

とうとう習近平が自らの進めた反改革路線に白旗を揚げた模様である。もしそうであれば、これは中国で悪政に苦しむ14億人国民に対するこの上ない〝朗報〟に他ならない。

習近平は8月22日、座談会の席で、「鄧小平氏は党、軍、全国民から認められた卓越した指導者だった。鄧小平同志が残したもっとも重要な思想的財産は『鄧小平理論』である」と手放しで称えた。

この習近平の発言が北戴河会議のやりとりのなかで誰の〝戒め〟が反映しているのかといえば、鄧小平の経済政策を〝牽引《けんいん》〟した朱鎔基の発言であったと捉えるのが妥当であろう。

ともあれ、北京発共同通信の記事などを紹介して、序章を締めることにしたい。

【北京＝共同】中国は（8月）22日、最高実力者として改革開放路線への転換を主導した故鄧小平氏の生誕120年を迎えた。習近平国家主席は北京の人民大会堂で開かれた記念行事で演説し、鄧氏が切り開いた中国の特色ある社会主義を前進させ、自身が掲げる「中国式現代化」で強国建設と民族復興を進めるべきだと訴えた。

さらに同日の日本経済新聞は、次のような解説を載せた。

【北京＝田島如生】習氏は経済運営などで「改革の全面深化」を掲げており、鄧氏の改革開放路線の継承を印象づける思惑があるとみられる。中国経済は現在、不動産不況や内需不足、海外からの投資の落ち込みに直面している。

第1章

蘇州市・日本人学校のバス襲撃事件の裏側に潜む中国リスク

ちゃんちゃらおかしい中国外務省の主張

冷淡かつ無責任な中国側の態度

周知のとおり、本年6月24日、中国江蘇省蘇州《そしゅう》市で日本人学校バスを待っていた、日本人母子が暴漢に襲われる事件が発生した。そして助けに入った中国人女性が命を落とす悲劇が起きた。

同事件にあたって、中国外務省の毛寧《もうねい》報道官は記者会見で、「本件はあくまでも偶発的な事件」と強調の上、「中国は世界でもっとも〝安全〟な国の一つ」だと言い放った。

外国人の女性・子供が自国内で襲われ、しかも中国人女性が殺害された事件に対し、中国政府が謝ったり反省したりせず、ことさら「中国が安全だ」と強弁するのはいかにも無責任、非常識な態度であった。当然ながら、そうした〝的外れ〟な主張について、われわれ日本側はまったく受け入れられない。

当該事件で凶行に及んだ犯人の動機などはいまだ不明である。

だが、母子が日本人学校のスクールバスを待つ場所で襲撃された状況から見れば、それが現地の日本人を標的にした計画的な犯行である可能性は否めない。

6月27日、一部メディアが報じたところでは、本年4月にも蘇州市内の路上で日本人男性が中国人に切りつけられる事件が起きていた。同じ蘇州市内において、「日本人切りつけ事件」が短期間で2件も起きてしまうとは、まさに由々しき事態である。

さらに問題となるのは、事件に対する中国政府の〝冷淡〟な態度である。25日、中国外務省の毛寧報道官が記者からの質問に答える形で事件へのコメントを行った。

そのなかで彼女は、「遺憾」と表明したものの、犯行を咎《とが》めたり非難したりすることは一切なかった。日本人の被害者に対するお見舞いの言葉一つもない。

毛報道官は「それはあくまでも偶発的な事件」だと強調し、「このような事件は世界のいかなる国でも起こり得る」とも主張した。

先にも記したが、自国のなかで起きた外国人傷害事件に対し、一国の政府がとったこのような態度は冷淡に加えて〝無責任〟と言わざるを得ない。

「どこの国でも起こり得る偶発事件だから騒ぐ必要はない」と言わんばかりである。こんな調子では、事件の再発防止への取り組みを、当の中国政府に期待できそうもない。

ネット上に氾濫した犯行に対する称賛と支持

一方、犯行に対する中国政府の生ぬるい態度に〝励まされた〟かのように、中国国内のネット上では一時、犯行に対する称賛と支持の声があふれた。「お見事、よくやってくれた！」「やった人は民族の英雄だ！」「これは、国を挙げてお祝いすべきではないのか！」、「日本人に言う。中国にはお前らに安全な場所など一つもない！」

これらの暴言の一つひとつを見ていると、蘇州での日本人殺傷事件の背後に、より〝深層的〟な社会的要因があることに気付かされる。長年の「反日教育」の結果、多くの中国人には日本および日本人に対する極端な憎しみの感情が根強く植え付けられてしまったのだ。

その一方、近年の経済崩壊にともない、失業者があふれ不平不満が高まっているなか、多くの中国人たちの行き場のない憤懣《ふんまん》や怨念がその捌《は》け口を求めて〝憎むべき〟日本人に向かってしまう。こうした負の符牒《ふちょう》が重なり合ったと感じるのは筆者だけではあるまい。

他方、中国国内には反米感情も渦巻いている。これもいまの習近平政権の国内「宣伝工作」のテーマの一つとなっていることから、国内不満の矛先が米国人に向けられることもあろう。実際、本年6月11日、吉林省吉林市において米国人4人が襲撃される事件が起きている。

いまから124年前、内憂外患《ないゆうがいかん》の清国政府は爆発しそうな民衆の不平不満を政権から逸《そ》らすために、暴民的な排外主義の「義和団運動」を奨励した。その結果、外国人宣教師やビジネスマンなどに対する無差別大量殺害の「義和団の乱」が中国各地で燎原《りょうげん》の炎のごとく広がった。

目下の中国の政治・経済・社会状況は、清王朝崩壊前のそれと類似してきていることは明らかである。習政権はいずれ清王朝政府にならい、国内危機転嫁のために「第二の義和団運動」を発動する可能性がないわけではない。

前述のような「日本人傷害称賛」の声が検閲《けんえつ》の厳しい中国のネット上に氾濫《はんらん》したのも、中国政府がこうした暴論を〝容認〟しているからに他ならない。

さらには中共政権は、現在においても、義和団の乱を「偉大なる愛国主義運動」だと高く評価している。

そういう意味では、蘇州市で立て続けに起きた日本人殺傷事件や吉林市で起きた米国人襲撃事件は、暴民的な義和団運動が中国で再び起きてくることの〝前兆〟と見るべきだ。危険が迫ってきているのである。

モンスターと化した反日感情

日本人被害者に見舞いの言葉一つ発さなかった中国外務省報道官

ここでは改めて本年6月24日、中国江蘇省蘇州市内で、日本人学校のスクールバスを待つ日本人母子が男に刃物で切りつけられ負傷した事件を振り返ってみたい。

周知のとおり、その犯行の流れのなかで、スクールバスに添乗していた学校側スタッフの中国人女性・胡友平《こゆうへい》さんが、気の毒にも犯行を止めようとしたところを刺され死亡した。

ここで問題となるのは、事件に対する中国政府の冷ややかな態度である。25日、中国外務省の毛寧報道官が記者からの質問に答える形で事件へのコメントを行った。

彼女は「遺憾」と表明したものの、犯行を咎めたり非難したりすることは一切しないし、日本人の被害者に対する見舞いの言葉の一つもなかった。

後に、事件で死亡した中国人女性に関するコメントでは、同じ毛報道官が彼女の家族に対して弔意を表したが、日本人負傷者や家族にそれがまったくなかったのはやはりおかしい。まるで、日本人が刺されるのは当然、と言わんばかりの態度である。

その一方で毛報道官は、本項冒頭で記したように、「それは偶発的な事件」だと強調し、「このような事件は世界のいかなる国でも起こり得る」とも主張した。

繰り返して言うが、自国内で起きた外国人殺傷事件に対し、一国の政府がとったこのような態度は冷淡というよりもまさに無責任の極みといえる。

「どこの国でも起こり得る偶発事件だから騒ぐ必要はない」という意味合いだろうが、筆者はその裏側に潜む中国側の不気味な〝歪み〟を感じざるを得なかった。

なぜ中国政府は普通の日本人が中国のなかで中国人によって襲撃されたという重大事件を、「どこでもあること」として〝誤魔化《ごまか》〟したり、〝矮小化《わいしょうか》〟したりしなければならなかったのか？

奇妙な蘇州市公安局による公式発表

事件発生から4日目の28日、蘇州市公安局は事件で刺された中国人女性の胡友平さんが病院で死亡したと発表した。ところが、彼女が刺殺された経緯に関する公式発表の文面は実に〝奇妙〟なものであった。原文（石平翻訳）は以下のとおりである。

「24日午後、胡友平さんは蘇州高新区塔園路新地中心バス停留所で、男が刃物で凶行に及ぶところを発見。直ちに身を挺《てい》してそれを止めようと入ったが、犯罪容疑者に数回刺された。彼女はその後病院に搬送されたが、不幸にも死亡した」

まずこの発表内容のおかしな点は、胡友平さんは犯人が凶行に及んでいるところを「発見した」云々《うんぬん》というところだ。事件の詳細を知らない人は、これを読めば当然、胡さんが日本人学校と無関係な人としてバス停を通りかかったところで偶然、事件に遭遇した。そう理解する可能性が高い。

けれども、実際には胡さんは日本人学校のバスに添乗しているスタッフであり、そして犯人が狙ったのはまさにこのバスに乗る日本人の子女だから、彼女がそれを「発見した」という表現はまったくそぐわない。

そしてこの公式発表では、日本人学校のスクールバスのことも、同時に日本人母子が刺されたことにも一切触れていない。

日本人が襲撃された事件であるにもかかわらず、胡さんは日本人を助けるために刺されたにもかかわらず、この蘇州公安局の発表においては「日本」「日本人」という単語が一つも出ていない。

つまりこの公式発表は、胡さんの死亡を発表し、「人を助けて凶行を止めた」という彼女の行動を褒《ほ》め称《たた》えたが、「日本人が中国で襲撃された」という肝心な事実を完全に〝隠《いん》蔽《ぺい》〟しようとした。明らかにその意図が認められる。

一方、蘇州公安局が事件の容疑者についての情報をほとんど発表しないのもまた、こうした隠蔽工作の一環であると思われよう。

前述のように、この事件に関して、中国外務省報道官が「世界のどこでも起こり得るような偶発的な事件」だと強弁しているが、単なる偶発事件であるなら、当局がそれほど手の込んだ隠蔽工作を行う必要はないのではないか。

その考察については次項で詳しく伝えたい。

すべては歪で異常な反日教育によるもの

本年7月10日、中国に進出する日本企業から成る中国日本商会は中国政府に対し、「われわれ外資系企業が安心して活動できる環境の確保に尽力してほしい」と要請した。

中国政府側からの反応は定かではないが、同事件を引き起こし逮捕された犯人の動機についてはいまだ明らかにされていない。

本年4月には同じ蘇州市で日本人を狙った同様の事件が起きたことは先に記したが、これは〝偶発〟でもなんでもない。中国政府が長年行ってきた異常な反日教育が作り出した〝極端〟な反日感情が、この一連の事件の背後にある恒常的なものであると認識すべきであろう。

実際、今回の事件が起きた直後には、中国のネット上では一時期、先に挙げたとおり、人間として看過できない言葉を用いて、犯行に対する支持と称賛の声があふれていた。それはまさに、日本人に対する襲撃事件を生み出す社会の〝土壌〟そのものではないか。

結局、中国政府は、日本企業を含めた外資がどんどん逃げていくことを恐れて、今回の事件の本質を隠蔽して自ら作り出した反日感情という〝モンスター〟の存在を覆い隠そうとしている。

もちろん中国政府としては当然ながら、こうした国民的な反日感情の存在と増殖に対して何らかの改善策を講じようとはまったく考えていないし、今回のような事件の再発生防止に取り組もうとする姿勢も見られない。

校正作業も終わろうとしていた9月18日、広東省深圳市で日本人の男児が男に刺され、翌日死亡するという痛ましい事件が起きた。現時点では詳細は不明だが、少なくとも日本人にとり、このような中国はいまも今後も、できるだけ近づかぬほうがいい危険な国なのである。

COLUMN

非正常死亡者数・年間350万人の異形の大国

いわゆる「非正常死亡者数」に関する中国政府公表の一連の数字から見ると、中国は世界でもっとも危険な国の一つであることがよく分かる。

本年1月17日、中国国家統計局が2023年の出生人口と死亡人口の両方を公表、出生人口902万人に対し、死亡人口は1110万人であった。前者よりも後者のほうが200万人以上も多かったという計算である。そして中国の死亡人口が1000万人を超えた2021年以来、毎年増えてきている。

これを受けて中国のネット上において、各方面の専門家や一般人が国家統計局、保健省などの官庁が弾き出したのは、「2023年、全国の非正常死亡人口数3

50万人」というびっくり仰天の数字であった。

2023年に中国で死亡した1110万人のうち、約三分の一が非正常死亡、要は普通の病死や自然死ではなく、不慮の死、あるいは何らかの厄難による死を遂げたことになる。

非正常死亡者の内訳を見ていくと、もっとも多いのは「過労死」で約60万人であった。過労死といえば「24時間戦えますか？」のキャッチコピーを生み出した、かつての日本が抱えた独特の社会問題が筆者の脳裏に立ち上がってきた。当時の日本同様、いまの中国は、まさに過労死大国化しているのであろう。

二番目に多いのは「大気汚染死」で約38・5万人。大気汚染で肺がんや呼吸器疾患を患って死亡した人たちの数だ。

三番目は自殺死、約28・7万人。日本でも、2023年の自殺者数が2万1837人であったが、人口比率からしても自殺者数はやはり日本よりも中国のほうが多い。

四番目に多いのは医療事故の死亡者数で、約20万人。五番目は労災事故で、約13万人が死亡した。日本の場合、厚生労働省発表の数字によると、同2023年の労働災害死亡者は714人であった。簡単に計算すれば、中国の労災死亡者が日本の実に182倍となるわけで、中国はまさにとんでもない「労災死亡大国」といえる。

六番目は約13万人の死亡者数を出した「内装汚染死亡者」。内装汚染とは、住宅や商業ビルなどの内装に有害物質が使われたことで被る汚染のことだ。

いまの中国では、内装に問題のある家に住んだだけで約13万人が命を失うとは驚きである。これが中国政府が自画自賛する世界でもっとも安全な国の〝実態〟なのである。

次に注目すべきは交通事故死で、約10万人であった。日本では2023年の交通事故死者数が2678人、中国のそれは日本の何と37倍。人口比からして日本の3・7倍にもなる。

もう一つ特筆すべきなのは、刑事事件の死亡者数（他殺による死亡者数）で、これが約7万人に上った。日本の同死亡被害者数は2022年で598人、単純計算すれば中国のそれは日本の117倍、人口比率で計算すると日本の11倍以上になる。

以上が中国政府当局が発表してきた2023年の「非正常死亡」に関する公式数字の内訳である。

この国においては1年間に7万人が刑法犯罪で命を奪われ、10万人が交通事故で不慮の死を遂げ、さらに13万人が内装汚染で、38・5万人が大気汚染で、そして20万人の人々が医療事故で死ななければならなかった。

実際には、世界屈指の危険大国となっているのに、そんな国のいったいどこが世界でもっとも安全な国なのか。

そのなかでわれわれが真剣に考えるべきは、日本人を含めた在中国の外国人も同程度の危険に晒されていることである。

中国を訪ねる観光客、中国で暮らすビジネスマンやその家族は、少なくとも、「交通事故死」「犯罪による他殺死」「大気汚染・内装汚染死」などとは無関係ではない。

こうした状況のなか、われわれ日本国民は中国には極力行かない、中国からはできるだけ離れて行動するのは身の安全、自衛のためなのである。

第2章

大恐慌時代に沈む中国の惨めな荒廃

ついに崩壊の引導を渡された中国不動産市場

不動産大不況のなかで出動された住宅販売阻害策

本年5月17日、中国政府は総合的な不動産支援策を発表し、即時の実行となった。それは、下記の内容のものである。

①各地方政府が民間業者から売れ残りの物件を適正価格で買い上げることを認める。地方政府により買い取られた物件を、〝低家賃賃貸住宅〟として希望者に提供する方針である。

②住宅ローン規制の緩和、および住宅ローン金利と頭金比率の〝引き下げ〟を行う。

③国有企業による住宅購入希望者に対する〝金融支援〟の提供。

以上の3つの柱からなる支援策は性格上、それらすべてが政府による「住宅販売促進策」であることは一目瞭然であろう。つまり、住宅がさっぱり売れなくなり、不動産市場がほぼ崩壊している状況下、中国政府は乾坤一擲《けんこんいってき》の救済策を打ち出したといえる。

言うまでもなく、これまで中国の不動産開発業および関連事業は国内の支柱産業として

ＧＤＰの３割程度を稼ぎ出してきた。ということは、不動産市場の崩壊はそのまま国内基幹産業の崩壊と中国経済そのものの崩壊を意味する。「経済よりも政治」を優先してきた習近平政権はここにきてようやく重い腰を上げ、不動産市場の救済に乗り出したわけである。

それに対し、中国国内メディアは洩《も》れなく歓迎の意を示し、一連の政策措置を「ここ40年来最大の緩和策」、「歴史的な振興策」、「中国の不動産市場がもう一度春を迎える」などと高く評価した。加えて、日本を含める海外メディアも「中国経済回復の起爆剤となるのではないか」と大きな期待を寄せた。

しかしながら、中国国内にはすでに34億人分の余剰住宅が存在している。前述のような救済策はまさに焼け石に水でしかない。大きな効果が期待できないのは火を見るより明らかだ。

一方、救済政策の一番の柱となる「地方政府による住宅の買い上げと低家賃の賃貸住宅の提供」は逆に、住宅の販売促進とは正反対の〝販売阻害要因〟になるとの意見もＳＮＳなどから噴出していた。

このような政策が施行されると、これまで住宅購入を考えてきた多くの人は当然、「どうせ政府がこれから低家賃で賃貸住宅を提供してくれるなら、わざわざ高いローンを組んで住宅を買わなくて良い」と判断し、住宅購入を放棄する可能性が高いからだ。

さらに政府による低賃金の賃貸住宅提供は当然ながら、住宅全体の〝価格下落〟を促すと思われる。したがって、値上がりを期待して投資・投機のために住宅を購入しようとする人々の多くもまた、購入を〝断念〟することとなろう。

つまり、中国政府の思惑とは裏腹に、各種措置はことごとく人民の住宅購入意欲を減退させることから、国内不動産市場のさらなる沈没をもたらす他ない。

相も変わらず、習近平政権のやることなすこと頓珍漢《とんちんかん》、いや、頓珍漢に拍車がかかった気がするのは筆者だけであろうか。

加速度的に下落する主要都市の住宅価格

実際の結果はどうだったのか？　本年6月になって発表された5月の不動産市場の販売実績を示す一連の数字を見ると、前述の政府による頓珍漢な販売促進策は微々たる効果しかもたらさず、ほぼ〝完敗〟に終わっていることが明らかとなった。

6月2日、克而瑞研究センターが発表した数字では、本年5月における中国国内「百強房企（売上高上位100位の不動産大手）」の販売総額は3224・1億元であった。これは前月比では3・4％の微増となったとはいえ、前年同月比では33・6％減。不動産市場の縮小が依然として継続中であることが分かる。

その一方、6月17日、国家統計局が5月の国内不動産価格変動に関する一連の統計数字を発表した。それによると、全国70都市の新規分譲住宅の価格指数は前月比で0・7％減となり、連続12ヵ月の下落となった。しかも、5月の落ち幅は4月より0・1％の拡大であった。

つまり、本格的な不動産救済策が打ち出されたなか、5月の全国主要都市の住宅価格が上がるどころか、むしろ以前よりも早い速度で落ちているわけである。

そして6月になっても住宅の販売状況は依然として芳しくなかった。

実は6月10日は中国伝統の端午節《たんご》であり、土日の8

北京市の建設現場近くにある「中国の夢」のスローガン

日、9日と合わせて三連休となっていた。かつての中国においては、通常、三連休ともなれば住宅の販売成績上昇が大いに期待されたものだが、本年の端午節連休の売上はまさに〝期待外れ〟となった。

6月13日、中国指数研究院が発表した数字によると、この端午節連休における全国の代表的な30都市の新規分譲住宅の販売面積は、昨年同時期の16％減に終わった。

こうして中国政府が本年5月に打ち出した乾坤一擲の不動産救済策は、筆者の予想どおり、あえなく〝空振り三振〟の体となった。

ここまで力を振り絞ってもほとんど効果がなかったことから、中国の不動産市場の起死回生となる妙薬はもはや存在しない。おそらく中国政府は今後、これ以上の救済策を打ち出すことはない。不動産市場崩壊の加速化はもはや止まらない。

数字の捏造がより大胆となった中国国家統計局

発表数字を鵜呑みにする情けない日本マスコミ

2024年4月16日、中国国家統計局は今年1~3月期の国内総生産（GDP）の数値を発表した。29兆6299億元、前年同期比5・3%増であった。

市場の見通しを上回った高い数値であったことから、中国国内ではそれを受け、官制メディアと一部専門家が総動員された形で、「中国経済は力強く回復した」との大合唱が沸き起こった。日本においても、一部マスコミや専門家がそれに同調していた。

しかし、この5・3%成長という数値はこれまでと同様、国家統計局によるまったくの〝捏造《ねつぞう》〟に他ならない。

国家統計局が発表した昨年1~3月期のGDPは28兆4997億元。それを基にして簡単に計算すれば、2024年1~3月期のGDPの伸び率（すなわち成長率）は決して5・3%ではなく、ただの3・82%程度であることがすぐに分かるからだ。

さらに細部の数字を見ていくと、例えば固定資産投資の場合、国家統計局が公表した今年1~3月期の全国固定資産投資総額は10兆40億元、前年同期比4・5%増とのことであった。

しかしながら、同じ国家統計局公表の昨年同期の全国固定資産投資総額は10兆7282億元。そこから計算すれば、本年1~3月期のそれは4・5%増とはまったくのウソ、実際にはマイナス成長の「6・7%減」である。

それまで国家統計局は伸び率を実際より高く計上する手口でウソの数字をつくってきたけれど、今度はマイナス成長であったところを「4・5%増」に偽造するまでになった。

しかもこれまでと同様、自家撞着する昨年と本年の数字が国家統計局と中国政府の公式サイトで同時に堂々掲載されている。

数字捏造はもはやなりふり構わずの境地といえる、バレないようにするための最低限の工夫さえ〝放棄〟されている有様なのだ。

それほど露骨、拙劣な数字捏造に対し、中国国内でも疑問の声が上がっている。SNS上では、昨年の公表数字と本年の公表数字を一緒に並べてそのウソを明確にする微博文が掲載され、大変な反響を呼んでいる。

国家統計局側はこうなることを予想していたと思われた。成長率発表の記者会見で盛来《せいらい》運《うん》副局長は「本日発表の成長率は多くの人々の予測を上回っているが、実際の状況に一致しており、根拠に基づいたものである」との一言を付け加えた。このわざとらしさはむしろ捏造の行われていることを〝自白〟しているようなものであった。

中国の株式市場もやはり、「成長率5・3％」をまったく信用していない模様であった。16日の午前に国家統計局がこれを発表したところ、当日の上海株は上がるどころか、1・65％の反落に見舞われた。

こうした露骨な数字捏造の背後に何かあるのか？

昨年12月の中央経済工作会議で、習近平政権が「中国経済光明論を唱えよう」との経済振興策を打ち出したことが大きかったのであろう。それ以来の初めての成長率発表であるから、国家統計局がそれまで以上に数字の捏造に〝励んだ〟としか考えられない。

国家統計局の数字捏造がここまできたら、多くの国民と株式市場に見抜かれて、その効果は相当薄まってきている。中国経済光明論は中国経済とともに崩れている最中であるが、国家統計局のウソを鵜呑《うの》みにしている日本のマスコミの姿は情けない限りである。

人民日報よ、お前もか！

本年3月29日、人民日報は一面トップで、国家統計局の公表数字に基づく経済記事を掲載した。「前2ヵ月、規模以上工業企業利潤は前年同期比10・2％増」というタイトルが打たれてあった。

ここでの「前2ヵ月」は、本年の1月と2月を指している。そして「規模以上工業企業」とは、年間売上が2000万元（約4億1800万円）以上の製造業などの企業を指す。大企業、中堅企業はもちろんのこと、いわば零細企業を除く大半の企業がこの範疇《はんちゅう》に入っている。

したがって、もし上述の「規模以上工業企業利潤は10・2％増」が本当であれば、それは当然ながら、製造業を中心とした工業全体の大いなる景気回復を意味し、中国経済がどん底から脱出したことの現れとなろう。

だからこそ、人民日報は経済記事としては珍しく一面トップの扱いをして、国内外に向かって「中国経済が復活したぞ！」と誇らかに宣言しているのである。

問題は、この「10・2％増」の実体はどういうものかである。まず、それが「前年同期比」の数字であることが〝ミソ〟なのだ。

「前年同期比」とは要するに、前年の同じ1月・2月との対比で、それは確かに「10・2%増」。けれども、調べてみて分かったのは、実は前年1月・2月の「規模以上工業企業利潤」は、前々年の2022年の同時期の「22・9%減」となっており、大幅に落ち込んでいたのである。

したがって、今年1月・2月の「利潤10・2%増」はおおいに落ち込んだ一昨年同期のそれとの対比においての二桁増であったのだ。昨年のそれはあまりにも落ち込んだからこそ、今年のそれが「大幅増」となったように見えるだけのことであった。

さらに言えば、この「利潤10・2%増」自体もまた、お粗末な〝捏造〟から出た数字であった。

昨年3月の中国国家統計局の公式発表では、2023年1月・2月の全国規模以上工業企業の利潤は8872・1億元。そして同じ国家統計局が本年3月に発表した本年1月・2月のそれは9140・6億元。

これで簡単に計算すれば、本年の「前2ヵ月、規模以上工業企業利潤の前年同期比」は決して「10・2%増」ではなく、単なる「3%増」に過ぎない。しかもそれは、昨年の「22・9%減」からの「3%増」だから、「中国景気の回復」云々とはとても言えない。

このようにして、以前は国家統計局が恥も外聞もなくウソ八百の数字捏造を行ってきたが、ここにきて共産党中央委員会機関紙の人民日報も第一面でこうした数字捏造工作とウソの宣伝を堂々とやり始めた。習近平政権の堕落はますます進むのである。

あからさまな政府のウソと国際都市・上海の凋落

連発して発表されたあり得ない数値

国家統計局は、白昼堂々の数字捏造を平気で行ってきた。彼らが公表した昨年1～3月期のGDP数値は、同じく彼らが公表した本年同時期の成長率が単なるウソであることを自ら示している。

そんなバカなことがあるのかと疑いたくなるのだが、それが現実に起きているのである。しかも、明らかに矛盾している上述の二つの数値がいまも、国家統計局と中国政府の公式サイトで同時に掲載されているのは、まさに摩訶《まか》不思議といえる。

もちろん中国国内においても、このような拙劣な捏造数字をそのまま信じる人はそんなにはいない。

実際、先にもふれたけれど、4月16日の午前に前述のウソの成長率が発表されたことを受け、午後3時終了の上海株式市場は反落し、上海総合指数は1・65%の急落を見た。株式市場は完全に、中国政府のウソを〝見抜いて〟いるわけである。

そして4月18日、国家統計局は次に3月の若年層の失業率が前月同様の15・3%であると発表したが、もちろんそれもまた、国家統計局が出した「成長率5・3%」がウソであることを明確に示している。成長率が5・3%の国で若年層の失業率が15%以上になるのはどう考えても、ありえない話だからである。

廃業に追い込まれた上海の繁栄の象徴とされたスーパー

それでは、中国経済の実態は一体どうなっているのか？

それを浮き彫りにする一つの出来事が、国家統計局がウソの成長率を発表した4月16日に、中国随一の経済都市・上海で起きた。

　その日、上海を中心に多数の店舗を展開している「上海城市超市（CITY SHOP）」＝上海都市スーパー」は経営難を理由に、すべての店舗を閉店して全面廃業・企業解散を発表した。これは上海のみならず全国的に注目を集める大ニュースとなった。

　上海都市スーパーは1995年に創業。上海市内の徐家匯《じょかわい》、金橋、虹梅路などの繁華街・高級商業区で計10店舗を構え、「商品の8割が輸入品」を売り物にして国内の富裕層・準富裕層や上海在住外国人を顧客層にビジネスを展開してきた。

　上海都市スーパーはこれまで国際的経済都市上海の繁栄の〝象徴〟として扱われてきた。その象徴が経営難による閉店・廃業に追い込まれた。背後には、ここ数年間における外国人の上海離れ、富裕層の海外流出、準富裕層の貧困化などの要因があると筆者は捉えている。

閉店した上海都市スーパーの営業時のもの

　そういう意味では、上海都市スーパーの突然の廃業は国際都市・上海の凋落を世界中に知らしめる出来事であった。

大恐慌時代にどっぷりと浸かる中国

上海の凋落を示す現象は他にもある。

本年2月中旬、昨年年末時点において、上海市のAクラス賃貸オフィスの空室率が21・8％に上ったことが、不動産サービス大手クッシュマン・アンド・ウェイクフィールド（C&W）の調査で分かった。

日本の場合はどうなのか。三幸エステート株式会社の調査によると、昨年12月時点で、大阪市内の大規模ビルのオフィス空室率はわずか2・97％でしかない。同時期における東京都主要7区のオフィスビルの空室率もせいぜい6・42％である。（三菱地所関連会社の調査）

大阪と東京の数字と比べれば、上海のオフィス空室率がどれほど悲惨な状況なのかは一目瞭然であろう。上海におけるビジネス活動の深刻な冷え込みと経済全体の衰退は自明の理だ。

言わずもがなだが、衰退の背後には、上海経済を根底から支える不動産市場の崩壊がある。民間調査機関の上海鏈家研究院が発表したところでは、本年1月、上海市における新規分譲住宅の成約件数は3786件、昨年12月と比べ44％減、前年同期比では55％減にまで落ち込んだ。成約金額と成約件数についてもやはり、それぞれ47％減と58％減であった。民間調査機関の「易居研究院」が発表した「2月上海不動産市場分析報告」によると、本年2月における上海市内の新規分譲住宅の成約面積はなんと、前月比で61・3％減、前年同期比では69・2％減となったわけである。上海の不動産市場の崩壊が猛烈に〝加速化〟しているのである。

これまでの上海の繁栄は結局、国内の不動産市場と外資・外国人の大量流入という両輪により支えられていた。その両輪が轡《くつわ》を並べて崩れたことで、われわれはいま、「魔都・上海」の没落を目の当たりにしているのである。

そして上海の凋落はそのまま、中国経済の沈没を意味するものであろう。本年5月にビジネス社から刊行された拙著の書名の通り、中国という国は正真正銘、「大恐慌」の時代に突入しているのである。

またしても中国経済光明論を呼び掛けたバカ殿

本年7月30日、中国共産党は政治局会議を開き、習近平主席は当面の経済情勢と今後の経済工作に関する重要講話を行った。

同講話のなか、いつになく中国経済に〝激震〟が発生しているのを認めた習主席は、今後の対策として、「発展への自信を深め、中国経済光明論を高らかに唱えよう」と指示した。中国経済光明論とは2023年12月、深刻な経済状況を覆い隠すために露骨な〝粉飾工作〟を用いて国内世論を楽観へと促そうとする、習近平政権が打ち出したものである。

おそらくバカ殿習近平以外に考えつかない〝噴飯物《ふんぱんもの》〟の究極的経済対策であるが、それから半年以上が経った後、習主席が再びインチキ政策を持ち出した背景には何があったのであろうか?

7月22日、中国財政部(財務省)は2024年上半期の税収に関する一連の統計数字を公表した。実は中国において財政部が発表する税収統計はある程度の信憑性を備えており、経済の実態を多少なりとも〝反映〟してきた。

なぜなら財政部が自ら発表した税収統計に基づき予算を組まなければならない立場だか

らだ。要は、税収に関する水増しや捏造がそう簡単にできないからであった。

それでは、財政部が発表した本年上半期の一連の税収関連数字から、いくつか主なものを拾ってみよう。まずは本年上半期、全国の税収は9兆4080億元であり、前年同期比で5・6％減となっている。

いくつかの主要税収項目を見ていくと、国内増値税の税収が前年同期比5・6％減、企業所得税収が5・5％減、個人所得税収が5・7％減とことごとく5％以上の減少とある。

そのうちの国内増値税とは、日本の消費税に相当する付加価値税である。それが前年同期比で5％以上も減っていることは当然ながら、本年上半期における企業の生産・販売活動が昨年同時期と比べ、かなり低下していることを示している。

企業所得税と個人所得税の双方が減少していることはまた、本年上半期において企業の利益も個人の所得も減っていることを意味する。

そうなると、同じ7月に国家統計局が公表した、本年上半期の経済成長率5％増がまったくの〝偽り〟の数字なのが誰の目にも分かってしまう。

企業の生み出す付加価値が減り、企業所得も個人所得も減っているなか、経済全体が5％も成長しているようなことは到底あり得ない。この一連の税収統計数字から見ても、本年上半期の中国経済は実際にはマイナス成長になっていることが推測できよう。

北京の外食産業が崩壊の危機

不況が不況を呼ぶパターンに嵌まった中国

先に中国随一の経済都市の上海市で消費崩壊が起きていることを伝えたが、むろん、他の都市も消費崩壊の深刻なドミノ現象に直面している。

上海に次ぐGDP国内2位の北京市も同様の危機に晒されている。

8月16日、北京市統計局の発表によると、本年上半期の北京市の小売総額は前年同期比0・8%減の微減となった。

だが、8月26日に同局が発表した外食産業に関する数値の一つは人々に衝撃を与え、全国的な大ニュースとなった。

本年上半期、北京市内の外食産業で年間売上1000万元（2億円）以上の飲食店の利益総額は1・8億元（約367億円）で、前年同期比で何と88・8%減という悲惨なものであったからだ。利益の約9割減はやはり衝撃的な数字であろう。

一方、7月に北京市統計局が発表した数字では、本年上半期の北京市外食産業の売上総額は637・1億元で、前年同期比3・5%減であった。

そのなかで年間売上1000万元以上の飲食店の利益総額が9割減だったとは、何を意味するのか？

要は消費が沈没していくなか、北京市の外食産業は苛烈な価格競争に巻き込まれた。最低限の売上を維持するために販売価格を無理矢理抑えて、利益を徹底的に削る以外ないところに追い込まれた。

年間売上1000万元以上の飲食店といえば、個人飲食店以外の収容人数が中規模以上のきちんとした体裁のレストラン、居酒屋、高級店などがカテゴリーに入る。こうした飲食店が利益無視の低価格路線に〝暴走〟しているわけである。

本来、北京市は政府関係者、経営者、富裕層が群れになって集まる場所として知られる。いまはそういう人たちも含めて、北京市民全体が〝金欠状態〟に陥っている。彼らは激安店しか目指さず、本来訪れるべき店での外食を極力控えているのである。

筆者も北京で大学時代を暮らした経験から身に沁《し》みて理解しているのだが、北京市には中央官庁や大企業の本社が蝟集《いしゅう》することから、伝統的に「飲み喰い第一主義」「宴会第一主義」「飲み食い大好き」「仕事上の必需品」の土地柄なのだ。

筆者の知るかぎり、北京っ子は日本で言うならば、江戸っ子気質を備えている。だから、「飲みねえ」「食いねえ」が大好きなのである。そんな北京っ子がここまで〝縮食〟に励むこと自体、中国の首都で大恐慌が起きていることの証拠ではないか。

不況が不況を呼ぶ。そんな悪循環が中国の首都で起きている。

COLUMN

なぜか正直な統計数字を発表した上海市統計局

こうした状況の下の7月23日、上海市統計局は2024年6月の上海市の社会消費品売上総額（小売総額）に関する統計数字を公表し、全国に衝撃をもたらした。

それによると本年6月、上海市全体の小売総額は前年同期比で9・4％減であった。そのうち宿泊・外食関係売上総額は6・5％減、食料品売上総額は1・7％減、衣料品売上総額は5・0減、日用品売上総額は何と13・5％減となった。

つまり、6月において中国最大の経済都市である上海市では、人々が外食を減らすのみならず、日常生活においても文字どおりの〝縮衣節食〟の生活に入り、消費崩壊が現実に起きているのである。

なぜ上海市統計局はこのような衝撃的にして正直な数字を発表したのだろうか？

その理由は判然としない。中国屈指の大都会上海でもこの惨状であるならば、全国の各都市や農村においてはさらなる消費崩壊が起きていることが推測できよう。中国経済は確実にとんでもない大恐慌の最中にあるといえる。

だからこそ、習近平指導部は窮余の一策として、「中国経済光明論を唱えよう」と再び大号令を発した。

しかしそれは中国経済にとって一文の〝救い〟にもならないのは自明のこと。習近平政権の下では、中国経済の崩壊はもはや確定。地獄へと落ちる以外にないのである。

第3章

ここまできた中国社会の退廃ぶり

寝そべり族から「十不青年」に進化した中国の若者たち

中国の暗黒の未来を想起させる信条

いまから3年前の2021年春あたりから、中国では「寝そべり族」と呼ばれる若者たちが登場し、国内外で大きな話題を呼んでいた。

寝そべり族とは要するに、世の中での出世や栄達を諦《あきら》め、あらゆる競争に参加せず最低限の無欲望生活に満足するという生き方を励行する若者たちのことである。

この寝そべり族の出現は、当時からかつての高度成長を支えたチャイニーズドリームの〝破綻〟を意味する出来事として注目された。

それから3年が経過した。寝そべり族の増殖が続く一方、その〝進化版〟としての「十不青年」がいよいよ人々の視線を浴びる存在として浮上してきた。

十不青年とは、「十のことをしない青年」を意味する。

一番目は「不献血」、献血をしないことだ。昨年、社会奉仕のために献血し続けた中年男が、自らが病気になって輸血を必要としたとき、その費用がないのを理由に病院に〝拒否〟されたというニュースが全国で話題となった。この影響から、「献血なんか絶対しない！」が多くの若者たちの合言葉となっている。

二番目は「寄付はしない」。中国の赤十字会の幹部らが災害支援のために集まった人々の義援金をネコババしていたことが暴露された。それをきっかけに、「義援金を寄付すれば馬鹿を見る」という認識が広がり、若者たちに定着した。

三番目は「結婚しない」ことだ。結婚するのはお金がかかるし、家庭的責任も持たなければならない。ならばいっそのこと、結婚などしないほうが楽だと、多くの未婚青年が悟った模様である。

四番目は「子供をつくらない」こと。結婚もしない人々は当然子供をつくろうとしないが、たとえ結婚したとしても、子供のいないほうが自分たちは自由であって楽だと皆が思っている。

五番目は「家を買わない」こと。結婚もしなければ子供もつくらないから、家を買わないのは当然の結果であろう。ただでさえ不動産市場が崩壊しているなか、この五番目の「しない」は、不動産開発業者と中国経済の首を絞めていくこととなろう。

六番目は「宝くじを買わない」ことである。中国の宝くじがインチキだらけであることはもはや国内の常識となっているから、聡明な若者たちは当然その餌食《えじき》になりたくはない。

七番目は「株式市場に参入しない」ことだ。中国の株式市場、例えば上海総合指数は2007年10月に6124ポイントの最高値を記録した。けれども、それ以降は下がり続けている。この原稿を書いている4月29日現在は3113ポイント程度であって一向に上がらない。ことさら徹底した「寝そべり」の若者には、株式市場で一儲けしようとする意欲などそもそもありはしない。

八番目は「年寄りを助けない」ことである。中国では以前から、街角で転んだお年寄りを助けたところ、逆にその年寄りに「ワシを押して転ばせたのはお前だ！」と訴えられて莫大な賠償金を求められた事件が続発していた。したがって、「年寄りが転んだところを助けてはならない」のは一種の〝社会的常識〟になっている感がある。だから若者たちはとにかく、いっさい年寄りを助けないモードを信条としている。

九番目はそれとも関連して、「同情はしない」こと。社会的弱者や困った人々に同情すれば何とかして助けたい気持ちになるのだが、そんなことをしていても誰からも感謝されないし、自分のほうが損をするばかりである。

そして最後の十番目は、「感動はしない」ことである。共産党政権のプロパガンダでは、「共産党幹部が清廉潔白で人民に奉仕する」とか「解放軍兵士は祖国を守るために私生活も家庭も犠牲にしている」とかの感動物語が毎日のようにつくり出され、テレビなどで流されて人々の涙を誘ったこともあった。

後になってそれらが全部ウソであることが分かってきた。だから若者たちは中国共産党のプロパガンダにいっさい乗らない、どんな感動話にも1ミリも感動しない、と決め込むのである。

以上、中国で流行りの十不青年の処世術と生き方の数々を紹介させてもらった次第だ。

もはやこれ以上の説明は不要だろうが、こんな若者たちが大量に出現し社会現象となっていることは、この国の未来が真っ暗であることを予告しているとしか思えない。

本当に寝ている寝そべり族の若者

入居者は45歳以下に限る青年養老院

料金は月３万３０００円也

ところで、中国においては、老人ホームのことを「養老院」と名付ける。それは文字どおり「老人を養う院」という意味合いで、老人たちが介護と生活サービスを受けながら老後を過ごす施設である。

しかしながら驚いたことに昨今、養老院ならぬ「青年養老院」と呼ばれる民間施設が中国各地に出現し話題を呼んでいる。

本年7月3日付の天津市ローカル紙「毎日新報」によると、重慶《じゅうけい》、鄭州《ていしゅう》、合肥《ごうひ》、洛陽《らくよう》など各市で青年養老院が相次いで誕生、静かなブームとなっているという。

施設の大半は都市部周辺の田園地帯や丘陵地帯などに立地し、廃棄された古い建物を再利用しての安普請が多い。大半の創設者は若者である。「45歳以下」を年齢制限にして入居者を募集しており、実際の入居者はほとんど20代、30代の若者たちである。

彼らはそこでは普段、お昼まで寝坊し、起きてからは施設の菜園を耕したり自家飼育の鶏に餌をやったり、周囲を散策したり、スポーツに興じたりしてのんびりと時間を過ごす。そして夜になると、入居者同士で手づくりのミニ音楽会を催したり、読書会や交流会を開いたりして、社交的な生活を楽しむ。

気になる月の入居料金は1500元（3万3000円程度）が相場である。他方、施設のなかで他の入居者に対する炊事や掃除などのサービスを引き受けると、働いた分に応じて入居料が減免されるシステムを設けている。炊事と掃除が当番制で、〝自己完結式〟で運営される施設も多い。

こうしてみると、中国の青年養老院とは、若者たちが職場や親族などの実社会から離れ、安い入居料で必要最低限の衣食住が保証される。加えて、自律的な集団生活を送ることができる場所といえる。

もちろん、彼らはそこで介護などのサービスを受けることはなく、老後を過ごすわけでもないから、青年養老院の養老とは、単なる〝比喩《ひゆ》的〟な言葉使いであると筆者は考える。

若年層失業者たちの究極の桃源郷なのか？

ところで、なぜこのような施設が全国各地で陸続と出現しているのだろうか？

その背景を分析した記事に出会った。本年3月15日付の広州日報は次のように伝えていた。

「現代社会のなかで一部の若者たちは、仕事と生活の両面において大変な重圧を受け、不確実性に直面している。彼らがストレスの少ない老人的なのんびり生活を求めたことの結果である」と。

それはある程度、正鵠《せいこく》を射ていると思う。

周知のとおり、いまの中国では、経済が崩壊しつつリストラや減給の嵐が吹きすさび、若年層を中心に失業者があふれ返っている。社会全体が逼迫《ひっぱく》的な状況と化し、彼らはますます未来から忌避《きひ》された〝閉塞感〟を募らせる現実と向き合わねばならない。

こうしたなか数年前から、現実逃避の「寝そべり族」が中国で大量出現し、一種の社会現象となってきたことは前述のとおりである。

寝そべり族が究極の桃源郷を求めて集まってきたのが、流行りの「青年養老院」であると筆者は捉える一人だ。

ここで彼らは実社会と事実上断絶しながら互いに精神的な支えとなり、〝老後〟のような消極的にしてかつ自適な生活に入るのである。

前出の広州日報の記事はその締めくくりで、こう警告している。

「青年養老院は寝そべり族の溜まり場となってはならない。ましてや本当の養老院になってはならない」

この警告はむしろ、現実がこうなってしまっていることを示しているのであろう。

現在のところ、青年養老院という施設がどこまで広がっていき、どれほど持続するのかは不明である。だが、このような施設の出現自体が中国における経済崩壊と社会崩壊の結果であり、若者たちが絶望的な現実のなかで未来への〝夢〟を失ったことの証左であろう。

しかし、未来を担うべき若者たちが20代、30代から養老生活に入るような国に未来はないと思わざるを得ないのは、筆者だけではあるまい。

1・4億人が熱中する「摜蛋ブーム」

相性のいい寝そべり風潮

本年8月5日、6日、7日の3日間、北京市共産主義青年団（共青団）委員会傘下の新

聞「北京青年報」は、「掼蛋《カンタン》」という名のトランプゲームが国内で一世風靡《ふうび》していることを猛烈に批判する論評を掲載した。

「掼蛋」とは近年中国で発祥して流行り出した4人参加のトランプゲーム。面白さと刺激が相俟《あいま》って、いまや中国全土を席巻していると言っても過言ではない。参加人口は1・4億人とされており、まさに〝国民的〟なトランプゲームとなっている。

それでは北京青年報はどうして、国民的ゲームとなった掼蛋を槍玉《やりだま》に挙げて批判したのか？

青年報掲載の批判文の一つひとつを読んでみる。まずは8月5日掲載の論評から。「消極・退廃の風潮を助長する掼蛋ブームを警戒せよ」との見出しを掲げ、党と政府の幹部や経営者たちが「掼蛋」に熱中している様子を次のように記した。

「多くの党員幹部は向上心を失い、消極的になって仕事を怠り、勤務時間内でも掼蛋で暇を潰している。なかには、夢中になって十数時間も掼蛋に費やす人もいる」「一部の経営者は企業家精神と責任を忘れ、企業の発展や経営の改善に精を出すよりも仲間を集めてトランプゲームに興じている」

そして8月6日掲載の論評の見出しは「全民掼蛋の寝そべり風潮は看過できない」とあ

った。

それは以前から全国で広がっている「寝そべり風潮」といま流行りの「全民摜蛋」とを関連づけたもので、痛烈な批判を展開している。

「若者から高齢者まで、一般人民から公務員幹部に至るまで、人々は暇があったら摜蛋、暇がなくても摜蛋、摜蛋をやらない人はむしろ負い目を感じて恥ずかしくなる。皆真面目な事柄から目を逸らし、やるべき仕事を放棄して消極、退廃《たいはい》の空気が広がり、まるで国民全員が〝総寝そべり〟しているような風潮である」

諸悪の根源は「摜蛋」にあらず

前述の北京青年報論評はまた、名門大学の復旦《ふくたん》大学管理学院の陸雄文《りくゆうぶん》教授が6月26日に当学院の卒業式典で行ったスピーチの一部を紹介した。陸氏は「摜蛋」のことを次のように批判した。

「いま、摜蛋ブームが全国を一世風靡、社会の各階層・各場所を席巻している。これは社会が原動力を失い、向上心と企業家精神を失っていることの現れである。それは逃避《とうひ》の気風であり退廃の気風であるから、わが学院の卒業生たちは断じてそれに染まってはならない」

以上は、北京青年報と復旦大学教師による「摜蛋批判」の一部内容であるが、そこからわれわれは、いまの中国社会の世相と全体的な社会心理をうかがい知ることができる。

とにかくいまの中国では、幹部・企業家・一般民衆の多くはトランプゲームの一つに熱中し、向上心も責任感も失い、仕事と実社会から逃避し、まさに国民的寝そべり状態にひた走っている様子である。

だからこそ北京青年報も復旦大学教授も「摜蛋から離れよう」と呼びかけているが、問題は、摜蛋を諸悪の根源とする彼らの論調自体が〝本末転倒〟に陥っていることだ。

「摜蛋」というゲームがあるから、中国国民は逃避・退廃しているわけではない。中国社会全体が未来への夢とやる気を失った絶望的な時代に入っているからこそ、人々は「摜蛋」に縋《すが》って、現実から逃避・退廃しているのである。

そしてこのような絶望的な現状をもたらしているのは、再生不能とされる中国経済と習近平政権のとんでもない悪政に他ならない。

それを変えることができないからこそ、中国国民は「摜蛋」に夢中になり、現実から逃避しているのである。

COLUMN

上海の中国人パワーカップルに降りかかった悲劇

本年7月1日、中国の大手投資銀行である中国国際金融（中金）の鄭さんという女性銀行員が高層ビルから飛び降り自殺した事件が発生、国内で大きな話題を呼んだ。

中国国際金融は1995年に米投資銀行の雄とされるモルガン・スタンレー銀行との合弁で設立された中国初の合弁投資銀行。資産総額は1545億元（約3兆3800億円）、香港市場にも上場し日本にも支社がある中国の代表的な投資銀行である。特に有名なのはその給与水準の高さであった。中国の投資銀行・証券会社のなかでもトップクラスで、「投資銀行の貴族」とも呼ばれている。

自殺した鄭さんは享年30歳、名門の浙江大学経済学部を卒業後、同じ浙江大学経済学院の修士課程で金融学を学んだ後、2019年に中金に入行した。そして同期入行した男性と結婚。自殺時には妊娠していたと伝えられている。

絵に描いたようなエリート金融ウーマンはどうして自殺に追い込まれたのか？

ネット上で流布されている情報によると、理由の一つは大幅減給であるという。

２０２１年の時点で、中金行員の〝平均給与〟は年収１１６万元（約２５００万円）に上り、業界一を誇っていた。ところが、２０２３年のそれは70万元（約１５００万円）程度、数年間で下げ幅約40％の大減給となった。

鄭さんと同期の夫も大減給の憂《う》き目にあった。２０２１年ではそれぞれ60万元だった年収は、23年には40万元に下がり、24年に入ってからもさらなる減給に見舞われた。

もちろんそれでも夫婦二人で80万元（約１７４０万円）の年収があれば、日本の基準でもかなり高収入、十分パワーカップルと呼ばれる水準にあるだろう。

ところが、鄭さん夫婦の家計に徹底的な打撃を与えていたのは不動産問題であった。

鄭さん夫婦は２０２１年、それまでの貯金５００万元（約１億１０００万円）を頭金に、上海市内の高級住宅地区で１５００万元（約３億３０００万円）の豪邸を購入した。

残りの１０００万元は銀行からの借入れだったが、毎月のローン返済額は６万元であった。2021年の鄭さん夫婦の年収は120万元、月収が10万元もあるから、月6万元の返済は高額とはいえ、何とかやりくりできた。

だが、前述のように、昨年から夫婦年収が80万元（=月収6万6000元）程度に大幅ダウンしたことから、家計が一気に苦しくなったのである。

他方、当時1500万元で購入した豪邸はバブル崩壊のなか値崩れが起き、昨今は1000万元程度の価値となっている。

それで鄭さん夫婦はほぼ貯金ゼロにして、今後長期にわたって高額の銀行ローン返済に追われることとなった。自分たちが裕福な生活を失うだけでなく、生まれてくる子供にも理想的な教育を与えることはできない。

大学時代から順風満帆、就職してからもエリート・富裕層としての人生を謳歌してきた鄭さんは未来への希望を失ってしまい、自らの命を絶ったのではないかと思われる。

以上は、中国のエリート金融ウーマンの激しい浮き沈みの一部始終である。鄭さんは中国高度成長の波に乗ってチャイニーズ・ドリームを具現化した最後の世代といえよう。絶頂に差しかかった途端に急速に沈み、不動産バブルに翻弄されれながら、それに葬り去られてしまった。

そういう意味では、彼女の自死はまさに中国バブルの崩壊を象徴するような事件であり、チャイニーズ・ドリームの破滅を具現した。だからこそ鄭さんの自殺が国内で大きな話題と関心を呼ぶ事件となった。同事件は今後、中国の若者たちの考え方と心持ちに大きな影響を与えるのであろう。

多くの若者たちが「鄭さんほどのエリートでさえ、結局、このような結末を迎える。そうであるならば、努力して夢を追うことの意味はもはやない」と悟ったと、筆者は捉えている。

数年前から流行する「寝そべり主義」がより一層広がり、現実から逃避する人々がさらに増えていっている。そしてそれはまた、中国全体の生産性を下げて大不況をさらに深刻化させていくのである。

この悪循環がどこまで続くかは分からないが、確実に言えるのは、中国と中国人にとっての、「夢を追う成長と繁栄の時代」はとっくに終わってしまったということである。

第4章

かくして人民解放軍は習近平夫婦の私兵部隊になるのか？

習主席夫人・彭麗媛氏が第二の江青になる日

湖南省長沙市への単独視察で政治デビュー

本年3月24日、中国の中央官庁の一つである国家衛生健康委員会は公式サイトにおいて、国家主席夫人の彭麗媛《ほうれいえん》氏がＷＨＯ（世界保健機構）の結核・エイズ対策親善大使の肩書で、湖南省長沙市にて地方の結核現場対策を視察したと報じた。公式サイトはまた、映像と写真を添えて彭氏視察の内容を詳しく紹介した。

これまで彼女は国家主席夫人として習主席にともなって、外交儀礼上の活動に参加することは少なからずあった。

例えば、習主席の外国訪問に同伴したり、外国の元首が夫人と一緒に中国を訪れる場合には、それに合わせて晩餐会に出席したりしてきた。しかしながら、彭氏が単独で中国国内の地方視察を行ったのは今度が初めてのことである。

さらに注目すべきは、今度の彼女の視察に国家衛生健康委員会副主任（副大臣）の王賀《おうか》勝《しょう》氏と湖南省常務副省長（筆頭副省長）が随行していることであろう。通常、中央官庁の高官や地方のトップクラスが地方視察に随行するのは、中央指導部の大物高官（最低でも副首相以上）に対する待遇であるからだ。

習主席夫人であるとはいえ、党と政府において無位無冠、単なるＷＨＯ親善大使の彭氏にこのような待遇を与えるのはきわめて異例なことと言わざるを得ない。この尋常ではない出来事の裏側に潜む政治的意図を考察してみよう。

この彭氏の地方視察に関しては、中央と地方の高官たちが習近平首席に忖度《そんたく》して勝手にやったことなのか、それとも主席の意向によるものなのかは不明である。

だが、習主席自身が3月18日から21日までに湖南省を視察し、長沙にも訪れたことから、その直後に行われた彭氏視察は習主席が自ら指示し手配した可能性が十分にあると、筆者は思う。

つまり習主席は自らの地方視察に夫人を連れて行き、そこで夫人にも単独視察の機会を与えた、ということ

ユネスコの会議にてあいさつする彭氏

である。要するに習主席は、夫人の彭氏に政治的にデビューする機会をこしらえたわけだ。

またしても毛沢東の模倣

待てよ。筆者が反射的に想起したのは、毛沢東夫人であったあの江青《こうせい》であった。

周知のとおり、毛沢東は文化大革命発動のために夫人の江青を政治に登場させた。その下準備として1966年2月、毛沢東は解放軍における側近の林彪元帥に暗に命じて、「軍の文芸工作座談会」を開き、無位無冠の江青を中心人物として座談会に招かせた。その席において江青に〝基調演説〟までさせるという政治デビューの場をつくった。

それ以来、江青は中国政治の中心に入っていき、文化大革命の旗振り役として毛沢東を大いに助けた。この歴史上の前例からすれば、習主席が夫人の彭氏を高官の随行で地方視察をさせたのは、まさに毛沢東にならい、夫人を政治の場に出すための準備の一環ではないのかとの推測が成り立つのである。何しろ、何もかも毛沢東の〝モノ真似〟をするのは、習近平政治の一大特徴でもあるからだ。

実は一昨年の党大会で個人独裁体制を確立したはずの習主席はそれ以来、むしろ党・軍・政府の「重臣」たちに対して疑心暗鬼《ぎしんあんき》になって政治的粛清《しゅくせい》を続けている。

その一方、昔からの側近である李強首相のことも信用できなくなって露骨な「李強外し」を始めているわけである。いま、政権の中枢部においては、習主席が本当に信頼している人間は、おそらく数人しかいない。しかしそれでは、政権運営はうまくいくはずもない。

こうした状態のなかでは、習主席は最後のところ、高い知名度と才能の彭夫人に目をつけ、彼女を政治の中枢にひっぱり出してきて自分の助人にしようと考えるのも無理はない。他人が信頼できないなら、せめて夫人だけは信頼しても良いというのはおそらく、独裁者習近平のいまの心境であろう。

したがって今後の可能性の一つとして、習主席の意向によって、彭氏はさまざまな内政と外交の場面で露出度と存在感を徐々に高め、いずれは党あるいは政府の公職について本格的な政治活動を開始するシナリオも十分に考えられる。

こうなると、文革期の毛沢東暗黒時代を彷彿《ほうふつ》させるよう

失脚後の江青女史

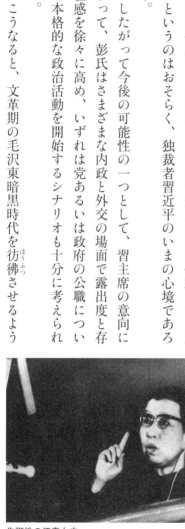

な、習近平個人独裁政治の最終段階である〝夫人政治〟が横行する時代が到来するやもしれない。

中央人事委員会の要職に就いていた習近平夫人

肩書は幹部審査評議委員会専任委員

5月5日付の香港紙・星島日報は、中国習近平国家主席夫人の彭麗媛氏が共産党中央軍事委員会の「幹部審査評議委員会専任委員」の任に就いたと報じた。

同紙によると、彭氏が軍で活動する様子の写真が交流サイト（SNS）に出回り、同写真の説明には彼女の肩書が「幹部審査評議委員会専任委員」と記されていた。彭氏は軍の学校を訪れ、軍上層部の人材育成を視察したとされる。

この中央軍事委員会・幹部審査評議委員会は、2016年10月に設立されたものである。2017年9月1日付の解放軍報記事によると、委員会の設立は習主席の直接指示によるもので、「これは習主席が自ら行った重大なる意思決定であり、軍事委員会主席責任制を貫徹させるための重要措置」であるという。

この説明からも幹部審査評議委員会は、まさに習主席が軍人事掌握のために設立した重要機関であり、習氏による〝軍支配〟の要であることが分かる。

したがって、香港紙・星島日報の記事が本当であれば、彭氏はすでに中国軍全体の人事決定に深く関わっており、習主席の代理人として軍掌握を補佐する立場にあることを意味する。

ちなみに彭氏はもともと〝軍所属〟の歌手であり、少将の軍階級を持ち、2017年までに解放軍芸術学院院長を務めていた。

軍服姿の彭氏

米国政府に中共政権の御用宣伝機関と見なされている星島日報

ここでの問題はまず、上述の星島日報による報道にどれほどの信憑性《しんぴょう》があるのかだ。それを探るためにはまず、星島日報の正体を一度確認してみよう。

星島日報は1935年に創刊、香港に本部をおく星島新聞グループが発行する新聞媒体である。香港のみならず米国、カナダ、豪州などに支社を配し、各国の地方版を発行、世界各地の華僑たちを読者に持っている。

こうしてみると、星島日報が長い歴史と伝統を持つ、香港に拠点を持つ大新聞であることが分かる。このような新聞が真っ赤なウソ記事を書くようなことは普通はしないだろうと思われる。

さらに重要なことは、国家安全維持法が施行されてからの香港において、言論の世界はすでに中国共産党政権により〝支配〟されている点であろう。

このような状況下、香港に本部をおく星島日報が、習近平夫人に関して根拠のないデマやウソの記事を流すことはまず考えられない。そんなことをしたら、即潰されてしまうし、新聞社自身もこのような記事を掲載することの重大さは当然弁《わきま》えているはずだ。

したがって、星島日報が掲載した前述の「彭麗媛記事」にはかなり高い信憑性を備えていると、筆者は判断しているのである。

その一方、星島日報と同紙が所属する星島新聞グループは従来より〝親中国政府〟のメディア集団としても知られる。2021年8月、星島日報の米国支社は、米国司法省により、米国で活動する新華社通信分社などの中国官制メディアと同様、「外国政府代理人」として登録された。

この登録で米国政府が事実上、星島日報のことを中共政権の〝御用宣伝機関〟と見なしていることは分かるし、事実上そうであると思われる。

そうした背景からも、星島日報掲載の彭麗媛記事についての信憑性の高さはもとより、記事の掲載自体が中国政府＝習近平政権の意向を受けての報道である可能性さえある。

結論としては、習近平夫人の彭氏が、中央軍事委員会幹部審査評議委員会の専任委員として軍への人事権行使に多大な影響力を及ぼしていることは事実であると、筆者は捉えている。

これまで、習主席は蔡奇《さいき》などの一部側近を使って党・政府・公安警察の掌握にあたってきた。だが、やはり肝心の軍掌握となると、習近平としては本来は〝他人〟である側近は完全に信用できな

最新の星島日報の一面

い。最後のところ、夫人を軍支配の右腕として使う以外にない。そうした判断に至った。しかしそれでは、習近平夫婦による軍の私物化、夫人の軍支配に対する軍全体の反発と離反を招くことは必至であろう。

昨年からの軍粛清で生じてきた習近平と軍との亀裂が拡大する可能性もある。習近平個人独裁体制は最悪の結末を迎えていくのであろう。

COLUMN

腐敗の裏側に中国式の内助の功あり?

本年3月31日、中国共産党湖南省規律検査委員会がユニークな会合を招集したことで話題となった。その日、腐敗摘発専門の委員会は、省直属の党・政府機関のトップや国有企業責任者の配偶者約140名を集めて、腐敗防止のための動員会を開いたのである。

会議上、規律検査委員会の王全書記は、「家風を良くすることは腐敗防止の有効策になる。幹部の配偶者である皆さんには、腐敗問題の厳重性に対する認識を改め、〝家庭内規律検査〟の役割を果たして腐敗の根絶に尽力してほしい」と呼び掛けた。

要は、幹部たちの配偶者を動員して家庭のなかから幹部の腐敗を監視してもらうという話なのだ。家庭という私的領域にまで土足で踏み込んできて腐敗防止云々とはいかにも共産党政権らしい乱暴なやり方ではあるが、その背後にはやはり、中国独特の〝腐敗事情〟が横たわっている。

いままで摘発されてきた夥しい数の腐敗幹部のなかで、本人のみならず、その配偶者などの親族が腐敗に深くかかわっているケースがあまりにも多くあったからだ。

たとえば、いまから8年前、中国共産党元最高幹部だった周永康《しゅうえいこう》が汚職で無期懲役の判決を受けた際、彼の妻の賈暁曄《かぎょうよう》と長男の周濱《しゅうひん》も同罪でそれぞれ懲役9年と懲役18年の実刑判決を言い渡された。賈暁曄は長年、周永康の〝収賄代理人〟の役割を果たしていた。周濱は、父親の権勢を利用して独自の〝口利き商売〟を展開していたからである。

周永康とほぼ同時に摘発された中央軍事委員会元副主席の郭伯雄《かくはくゆう》の場合、妻の何秀蓮《かしゅうれん》はもとより、息子の郭正鋼《かくせいこう》・浙江省軍区元副政治委員、正鋼氏の妻の呉芳《ごほう》芳《ほう》も腐敗の共犯者として有罪判決を受けた。

ごく最近の例としては、前述の湖南省規律検査委員会によって摘発された腐敗幹部・常徳市共産党委員会元書記の王群《おうぐん》であろうか。彼の場合、妻と息子だけでなく甥《おい》までが腐敗に関与しており、全員で8名の親族が拘束された。

当然ながら、腐敗幹部の腐敗に助力するのは何も妻だけではなく、逆のケースもある。本年3月に摘発された広東省清遠市清新区党委員会前書記の鄭小燕《ていしょうえん》の場合、その夫と弟・妹らが一家そろって腐敗に参画していたことから、彼女の摘発とともに8名の親族が一網打尽となった。

このように配偶者のみならず子女・兄弟などの親族までが腐敗に関与してくるのは、中国共産党幹部による〝中国式腐敗〟の一大特徴である。

これを表現するのに「全家腐＝家族全員参加の腐敗」という熟語までが定着しているほどだ。その背後にあるものの一つはやはり、中国伝統の「儒教的家族中心主義」である。

儒教が家族の絆や家庭内倫理の大事さを強調しすぎたことが原因の一つとなったと思われる。中国では昔から、家族あるいは一族の利益を〝最重要視〟して公のそれを蔑ろにする〝伝統〟が受け継がれてきている。

時には、公の利益を犠牲にしても家族・一族の利益を最大化するのは、家族・一族の中では決して「悪」として意識されることなく、むしろ一種の「善」だと思われる。

だからこそ、一つの家族や一族の中から権力者の一人でも現れたら、家族・一族の人々は、それを利用して利得を手に入れるのは当たり前のこととなっており、これで罪悪感を感じる人はあまりいない。「家族のためなら、どんなことをやっても良い」とされるのである。

しかし、このような悪しき伝統文化が変わらない限り、中国で腐敗が廃れることはまずないし、前述のような「全家腐」が消えることも当然ない。「持久戦」の看板を掲げて展開している習近平政権の反腐敗闘争は、最終的には徒労に終わるのではないかと、筆者は思う。

第5章

連戦連敗を続ける習近平外交

いまではアジアの現役国家首脳からシカトされる存在に

落ち目の中国を象徴する参加者の顔ぶれ

本年3月26日から、アジアを中心に世界の政財界要人が経済協力などについて話し合う中国主導の国際組織「博鰲《ボアオ》アジアフォーラム」年次総会が中国海南島で開催された。開幕式では中国共産党序列3位の趙楽際《ちょうらくさい》・全人代常務委員長が基調演説を行った。

毎年の同フォーラムでは、中国からは国家主席と首相が交代で出席し演説を行うのが慣例なのだが、本年は〝異例〟の全人代委員長の出番となった。

博鰲《ボアオ》アジアフォーラムは2001年に中国政府の肝いりで発足した会で、年に一度、年次総会を開くのが中心的な活動である。本年を含めて22回の年次総会を重ねてきた。

発足当時からの参加国には中国以外に、日本、インド、インドネシア、パキスタン、フィリピン、韓国、ベトナム、マレーシア、シンガポールなどアジア主要国、加えてオーストラリアなど26ヵ国。中国主導・アジア主要国参加の同フォーラムの発足と長年の継続は、アジア地域における中国の影響力の拡大と地位向上の象徴でもあった。

2009年開催の第8回年次総会では、米国のブッシュ元大統領、日本の福田康夫元首相の他、パキスタン大統領、モンゴル大統領、イラン第一副大統領、ベトナム首相、ミャンマー首相など10ヵ国の現役指導者が出席、空前の盛り上がりとなった。

2009年は北京五輪が盛大に開かれた翌年で、中国のGDPが日本を抜いて世界第2位となった前年でもあった。この年の同フォーラムの盛況はまさに当時の中国の〝昇竜の勢い〟を象徴するものであった。

しかしそれ以降同フォーラムは徐々に衰退の一途をたどることとなった。例えば2019年の年次総会では、現役の国家首脳の出席者はフィリピンの議会議長のみ。他は全員、各国の前・元大統領、前・元首相。

そして2023年年次総会には、現役の政府首脳として出席したのはシンガポール首相、マレーシア首相、それに西アフリカのコートジボワール共和国首相。

そして2024年3月に開かれた冒頭の第24回年次総会には、現役の元首・首脳として参加したのは、カザフスタン大統領、

2011年のボアオアジアフォーラム

ナウル大統領、スリランカ首相、それにカリブ海の島国のドミニカ国の首相であった。

そのうち、人口1万人程度のミニ国家のナウルは一応アジア太平洋国家であるが、同フォーラムの常連参加国ではない。人口規模7万5000人程度のドミニカはアジアの国家ですらない。

要するに本年の年次総会は、本来の参加国のアジアの主要国のほぼ全員にサボられたわけであった。そのなかで、中国政府はせめてのメンツ保ちのために、経済援助などをエサに当該フォーラムには本来無関係のミニ国家をかき集めてきて数合わせにした。

だが、そのことは逆に、中国の影響力拡大の象徴である同フォーラムの徹底的な衰退と、アジアにおける中国の凋落を明確に示している。

中国はすでに、アジアから見捨てられようとしているのである。

ゼレンスキーに通用しなかった習近平の二枚舌外交

守りの弁明に終始した中国戦狼外交官

本年6月2日から始まった週の数日間、覇権外交を推進中の習近平政権は国際舞台で連続の痛手を被り、四面楚歌《しめんそか》の苦境に立たされた。

まずは6月2日、アジア安全保障会議に急遽出席したゼレンスキー・ウクライナ大統領は記者会見において初めて、本格的な中国批判を展開した。彼の中国批判は下記の3つのポイントから構成されていた。

①ロシアの兵器を構成する部品が「中国から来ている」との認識を示し、「中国のロシア支援は戦争を長引かせる」と批判。

②6月にスイスで開催予定の「平和サミット」について、中国の不参加に触れながら、「平和サミットへの不参加は

ゼレンスキー氏は中国を批判

〝戦争支持〟となっている」と批判の上、「中国が他国に参加しないよう働きかけている」と非難。

③「中国はいま、プーチンの道具となっている」と、皮肉の口調で大国・中国の振る舞いを嘲笑った。

そして6月3日、安全保障会議を後に、ゼレンスキー大統領はその足でフィリピンを訪問し、マルコス大統領と会談した。南シナ海問題で中国と対立する最中のフィリピンを訪問したことは明らかに、中国に対する強い牽制《けんせい》であり、「貴方たちがロシア支援ならば、われわれはフィリピンの肩を持つぞ」と言わんばかりである。

ゼレンスキーの中国批判に対し、中国外務省報道官は「中国は他国に圧力をかけて平和サミットに参加しないよう働きかけた状況はまったくない」と反論したが、従来の「戦狼《せんろう》外交」の好戦的な姿勢とは程遠い〝守り〟の弁明に務めたところは特徴的であった。

そして6月5日、中国の孫衛東《そんえいとう》外務次官はウクライナ外務省高官との会談ではむしろ、ウクライナとの「交流推進と関係発展」を熱っぽく訴えた。どうやら中国政府は、ウクライナ大統領の痛烈な中国批判に反撃もできず腰抜けの体となっていた。

ウクライナ戦争勃発以来、習近平中国は一貫して侵略者のロシアを暗に支援しながら、国際社会では常に「平和の調停者」として振る舞い、ロシアとウクライナ支援の欧米諸国の両方に良い顔をして有利な立場に立とうとしてきた。

それに対し、ウクライナはロシアに強い影響を持つ大国中国に配慮して、習近平政権の「二枚舌・二股外交」に対する批判を控えていた。

ロシアの侵略戦争の加担者として認定された中国

しかし今回「中国の縄張り」のアジアに乗り込んできたゼレンスキー大統領は名指しで中国批判を公然と展開した。中国が決して公正なる調停者ではなく、むしろロシア支援を行って戦争を長引かせた〝犯人〟として厳しく糾弾《きゅうだん》した。

これまで、中国のロシア支援に対し、欧米諸国からの警告・批判は多数あったが、今回、戦争の当事者・被害者であるウクライナの大統領から中国批判が展開された意義と影響は大きい。

これにより習近平政権の偽善の仮面が剝《は》ぎ取られたのみならず、その〝八方美人〟的な平和調停者の立場も一瞬にして崩れた。

中国はこれで、ロシアの侵略戦争の加担者として〝認定〟され、ウクライナ全力支援の欧米と中国との対立がより一層深まり、欧米諸国の中国叩きが加速化する見通しである。言ってみれば、ウクライナ戦争におけるロシア敗戦に先立ち、中国はまず大きな外交敗戦を喫《きっ》したのだった。

そして6月4日、習近平中国への2本目の矢が別の国の大統領から打ち放たれた。その日、米国のバイデン大統領が5月28日にタイム誌から受けたインタビュー記事の内容が公開された。そのなかで大統領は、中国が台湾に侵攻した場合の対応について「米軍の戦力の使用を排除しない」と述べ、軍事的に関与する可能性に言及した。

これまでバイデン大統領が記者会見などで米軍が台湾防衛に動く可能性について聞かれて「YES」という単語で答えた場面は数回あったが、今回は大統領自ら「戦力の使用は排除しない」との表現を使って、より明確に「米軍による台湾侵攻阻止」の可能性を示唆したことは大きい。

それまでの数回にわたるバイデン大統領による「台湾防衛発言」の直後に、米政権高官などは早速「政策に変更はない」と火消しに務めてきた。だが今回は米政権からの訂正発言は一切見当たらなかった。バイデン政権は確信犯的に軍事力を用いて中国の台湾侵攻を阻止する強い意思を示すことに至った。

先月20日の頼清徳《らいせいとく》・台湾総統の就任演説に対し、中国は大規模な恫喝《どうかつ》軍事演習を行った。その直後に、米大統領がより明確な形で米軍による台湾防衛の意思を表明したことは、台湾を大いに鼓舞するのと同時に、習近平政権への大打撃であったことは言わずもがなであった。

それに対し、中国外務省報道官は記者会見で、「台湾は中国の一部、台湾問題は中国の内政であり、外部からの干渉は許せない」と定番の言説で対応したが、「武力で台湾を守るぞ」という米大統領の重大発言に対する反応としては実に弱々しいものであった。

習近平政権は茫然自失の体で、反撃の術を失ったかのようであった。

あいさつする頼清徳氏

終わりが見えない中国外交の袋叩き状況

ほぼ完全に欧米市場から締め出される中国製ＥＶ

同じく6月4日、中国が泣き出しそうになるような話が別方面からも伝わってきた。香港の有力メディア「サウスチャイナ・モーニングポスト（南華早報）」は、欧州連合（ＥＵ）規制当局が中国製ＥＶに対して〝暫定関税〟を課すことを決め、7月5日から施行すると報じた。欧州委員会は事前に、この決定を中国のＥＶ生産協会に通告済みであるという。その後暫定関税が17・4％〜37・6％であることが明らかにされた。

米国の100％関税に続き、中国製ＥＶの最大の輸出先であるＥＵが高関税を課すことになると、中国のＥＶはほぼ完全に欧米市場から締め出されて絶体絶命の窮地《きゅうち》に立たされる可能性が高い。これもまた習近平政権の経済外交の大敗北といえよう。

翌6月5日、中国の神経を逆撫《さかな》でする動きはアジアの大国インドにも見られた。インドのモディ首相が総選挙で勝利したことに対し、台湾の頼清徳総統がＸで祝意を表したところ、モディ首相は同じＸで返信、台湾との関係緊密化に期待を表明した。

あたかも前述の米国バイデン大統領の台湾発言に〝呼応〟しているかのようではないか。アジアの大国で、地政学的に大きな影響力を持つインドの首相が台湾との関係緊密化をおおっぴらに示したことはまた、習近平政権にとって大いなる痛手であるに違いない。

それに対し、中国外務省の毛寧報道官は翌6日の定例記者会見において、モディ返信を批判し、「インド側に抗議した」と説明した。だが、それはインドと台湾の双方に対して何の抑止効果もない。インドと台湾との関係緊密化は今後、確実に進んでいくのであろう。

このようにして、6月2日からの数日間、ゼレンスキー大統領が中国を痛烈に批判したのに続いて、バイデン大統領やEU、そしてモディ首相ら

演説するモディ・インド首相

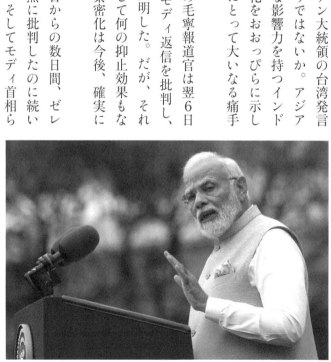

は次から次へと習近平中国に容赦のない一撃を与えることとなった。

中国政府は口頭の抗議や反論以外には、何の反撃措置も講じることはなかった。まったくの自業自得《じごうじとく》とはいえ、いまの習近平政権は外交上、袋叩きの四面楚歌の状態から抜け出せそうもない。

ロシアとともにG7の主敵に

本年6月13日からイタリアで開かれたG7サミットは14日に共同声明を採択し閉幕した。共同声明の内容に中国に対する懸念や批判が目立ったが、特に注目すべきポイントは以下の3つであった。

①中国とロシアの関係について。ロシアの軍需産業を支援する中国に対し、「深刻な代償を支払わせる」と警告。

②中国によるEV（電気自動車）、太陽電池、リチウムイオン電池の過剰生産の問題について懸念を示すとともに、G7として連携して対処すると表明。

③インド太平洋地域の情勢をめぐり、中国による南シナ海や東シナ海での海洋進出に対する「深刻な懸念」を示し、武力や威圧による一方的な現状変更の試みへの強い反対を表

明。

G7共同声明は結局、ロシアに対する批判を強めると同時に、その矛先《ほこさき》を主に中国に向けたものといえた。中国はロシアと並びG7にとり〝主敵〟となった印象をことさら深めたのは筆者だけではあるまい。

G7からの批判に対し、中国外務省報道官は6月17日、「中国を中傷し、事実に基づかず法的根拠もない主張は、偏見とウソに満ちている」と強く非難した。このようなヒステリックな反応からも、G7の中国叩きは中国政府にとりかなりの〝痛手〟であったことがうかがえる。

同日、NATO（北大西洋条約機構）のストルテンベルグ事務総長は訪問先の米ワシントンDCで講演を行い、「ウクライナを侵攻するロシアを支援し続けるなら、中国は代償を払うことになる」と警告した。

これまでEU首脳や高官が中国に対して同様の警告を発したことはあったが、今回、軍事同盟であるNATO高官が中国を名指して警告したインパクトは大きい。

落ちこぼれのプーチンの肩を持つために、習近平中国はとうとう、NATOにとっての宿敵となっていくのではないか。

敵は北京にありという合言葉

台湾に向けて放ったヤクザ流の恫喝

本年6月20日、台湾の頼清徳総統はまたもや、中国に楯突《たてつ》くような快挙に出た。頼総統が就任後1ヵ月を迎えた記者会見の席で再び、「中国に隷属しない」との主張を繰り返したのである。

それに先立つ16日、頼総統は台湾の陸軍士官学校100周年式典に出席し、「中華民国の生存と発展のために戦うことこそが陸軍士官の使命」と呼びかけ、中国の軍事脅威に立ち向かって台湾を守る決意を示した。

頼総統は前月の総統就任式で「中国に隷属《れいぞく》しない」と述べ事実上の「独立宣言」を行った。その直後から中国共産党政権は頼総統を〝敵〟だと認定、凄まじい批判キャンペーンを展開するとともに、台湾周辺海域での軍事演習を実行した。

それに対して、頼総統は一歩も引かず、上述の2つの機会を利用して中国に敢然と立ち向かう姿勢を明確に示した。筆者は快哉《かいさい》を叫びたい心持ちであった。

このような展開のなか、6月21日、中国政府は「台湾独立派」に対し、死刑を含めた処罰方針を発表した。中国の警察権がまったく及ばない台湾人を相手に「処罰」や「死刑」云々といっても実際の意味は何もない。おそらく台湾の人々にはそれは「覚えてやがれ！」というヤクザ流の恫喝にしか聞こえなかったにちがいない。

こうして中国はEUに叩かれ、NATOに警告され、台湾にも楯突かれて狼狽《ろうばい》するばかりである。他方、習近平政権はまともにEUとNATOに対抗できず、台湾に対してもどうすることもできなかった。言葉上の罵倒以外になす術《すべ》もない状態である。

習近平の危険な〝火遊び〟を黙視しなかった米国

しかしそれでは国内向けにおいて、習近平がメンツを失って政権の立場がなくなる。それを避けるためには八つ当たりの矛先をどこかに向けていく以外にない。

それで中国側が早々と仕掛けた事件がフィリピンとの小競り合いであった。

6月19日、中国海警局の船舶が南シナ海でフィリピン海軍のゴムボートに意図的に衝突し、フィリピン海軍兵士の一人に重傷を負わせた。それと同時に中国政府は、海警局の船がフィリピンの船に立ち入り検査を行ったとする写真を公開した。

これは明らかに国内向けに、「習政権が対外的によくやった」との宣伝を行うためのものである。

しかし、こうした八つ当たりの国内宣伝工作でフィリピンとの緊張を高めていけば、それが本格的な衝突を招く可能性も高まってくる。習近平政権はいつものような危険な〝火遊び〟をしているが、米国は黙っていなかった。

6月21日、米海兵隊トップ、スミス司令官は一部メディアの取材に応じ、「海兵隊は今後数年以内に、海

中国とフィリピンの海洋境界の争い

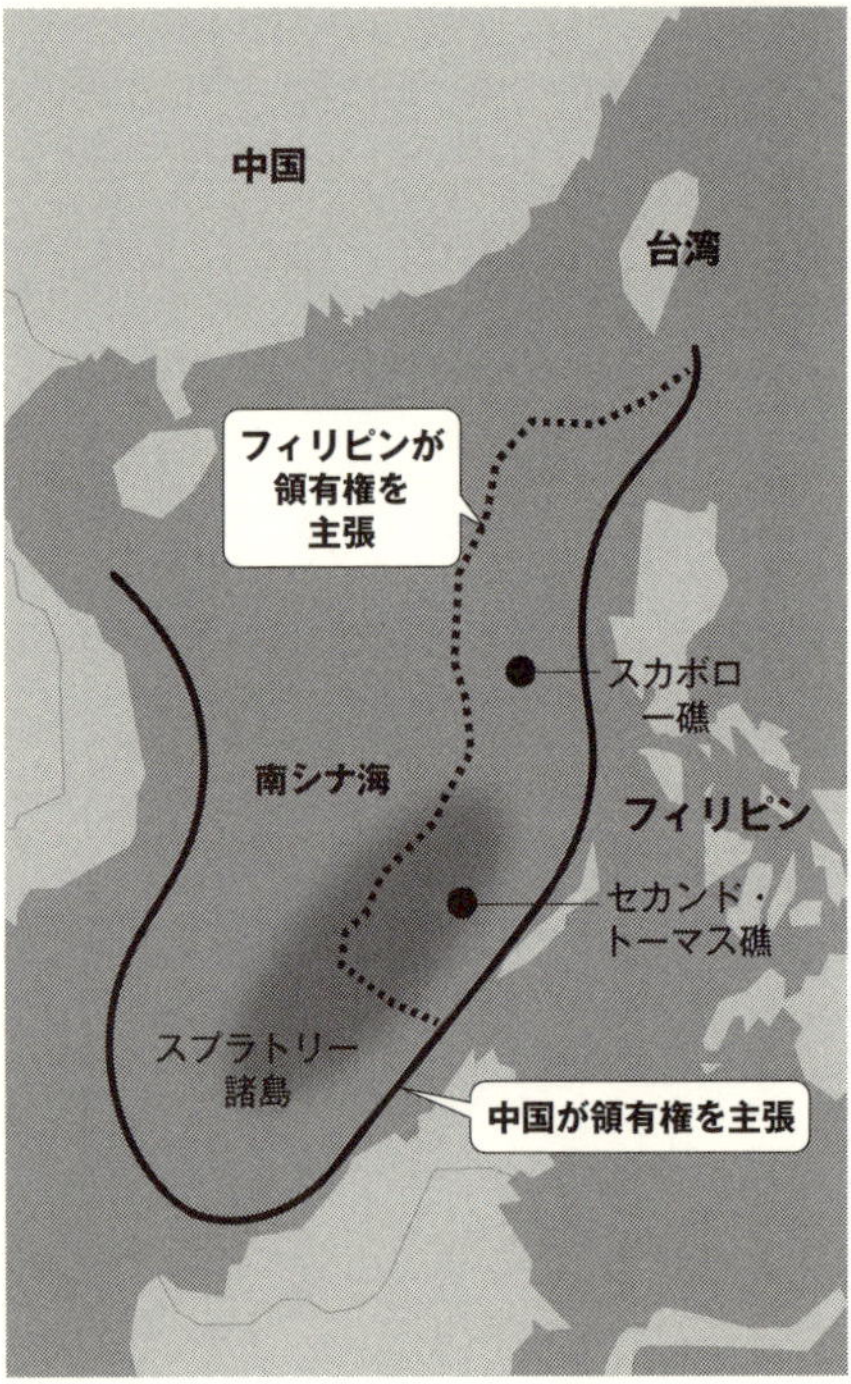

兵沿岸連隊＝MLRをグアムにも配備し、中国を念頭にフィリピン周辺に迅速に展開できるようにする」と表明した。

四面楚歌のなかでの習政権の火遊びは、結果的に中国包囲網のさらなる強化を招き、「敵は北京にあり」はいずれ国際社会の合言葉となる日が来るのである。

COLUMN

重慶市党書記に次々と晴れ舞台を用意する習近平の底意

本年4月16日、共産党中央委員会機関紙の人民日報は、共産党中央政治局委員・重慶市党委員会書記の袁家軍《えんかぐん》氏の長文の寄稿を掲載した。内容は、「重慶市の国家安全建設」と関連して、習近平主席提唱の「総合的国家安全観」を論じたものである。

中央政治局委員であるとはいえ、一地方の党委員会書記の文章が人民日報で掲載されることは実に珍しい。しかも論じているのは、重慶という一地方の行政問題にとどまらず、国家安全というまさに国家レベルのテーマであることから、彼の寄稿掲載には、何らかの特別な〝政治的背景〟があるのではないかと注目されている。

実は4月14日、訪中したドイツのショルツ首相は北京入りする前に重慶市に立ち寄り、そこで袁氏と会談した。一地方トップであるはずの袁氏があたかも対等の立場で外国首脳と会談する場面を新華社通信が報じており、袁氏に対する〝特別待遇〟はやはり突出しているように見えてならない。

そして4月22日から24日の3日間、今度は習主席自らが重慶市へ赴き、5年ぶりの重慶視察を行った。25日に一面掲載の人民日報記事と報道写真から、習主席の視察中に袁氏はずっとそばに付き添う形で随行していることが分かった。視察の詳細は中央テレビでも大々的に報道されたことから、それは当然、袁氏の知名度アップにもつながったと思われる。

23日、重慶視察中の習主席は、政治局常務委員の李強首相や同じ政治局常務委員の蔡奇らを現地に呼び出し、「新時代における西部大開発推進座談会」を開催した。

座談会では、四川省や陝西《きょうさい》省など西部地域の省の党委員会書記らが相次いで演説を行ったが、その先陣を切ったのはやはり重慶市党委員会書記の袁氏であった。

習主席主宰の最高レベルの座談会は結局、袁氏の晴れ舞台となった感がある。

このように習主席は袁氏に特恵を与え、彼を引き立てようとしているが、その背後に何かあるのか?

袁氏という人物の由来を見てみよう。彼は1962年9月生まれの62歳、もともと宇宙開発関係の技術者出身。国家的宇宙事業を担当する国営大企業の「中国航天科学技術集団」の副社長を務めた。

2012年3月には寧夏回族自治区の党委員会常務委員に転属し、政界進出を果たした。そして2014年8月、一期目の習近平政権の下、袁氏は、習主席の古巣の浙江《せっこう》省に転属した。以来、22年12月までの8年間、浙江省副省長、省長、党委員会書記を歴任した。

その間彼は、習主席側近の李強氏(現首相)の部下となって、その後任ともなった。そして2022年秋の党大会において、袁氏は中央政治局委員に抜擢された。その直後、習主席の側近である陳敏爾《ちんびんじ》氏の後継として、中央政府直轄市である重慶市の党委員会書記に任命された。

こうした経歴からも分かるように、袁氏は早い段階から習主席のお眼鏡に適い、事実上習主席の〝家臣団〟の一人となって重用されてきていることが分かる。そして最近になって彼が前述のような〝特別待遇〟を受けている様子から、袁氏は今後、習政権の若手ホープの一人として育てられていくことは間違いないと思われる。

知ってのとおり、習主席自身は終身独裁者になろうとしている。したがって、自らの後継者を育てるつもりはさらさらないが、袁氏のことを将来の首相候補として推す可能性は十分にあろう。

前著『「中国大恐慌」時代が始まった！』（ビジネス社）で記したとおり、現在の李強首相は習主席からの信頼を失いつつあるから、李氏の首相任期は一期目で終わる可能性は大。そしてそのときこそ、袁氏の出番となるかもしれない。

その一方、いまは李首相とコンビを組む筆頭副首相・政治局常務委員の丁薛祥《ていせつしょう》氏も首相候補だと目されており、今後、次期首相のポストをめぐる権力闘争が習政権内で起きる展開もありうるのである。

第6章

今後も変わらぬ米中対立の〝構図〟

完全に決裂した米中交渉

勇躍北京に乗り込んできたイエレン米財務長官

本年4月5日から8日までの4日間、イエレン米財務長官は中国を訪問した。訪問中、中国の財政部長（財務大臣）、中国人民銀行総裁、そして経済政策・金融政策担当の何立峰《かりつほう》副総理、李強首相と相次いで会談を行った。

一連の会談において、イエレン氏はまず中国側に対して、

①中国企業によるロシア軍事産業への支援に強い懸念を示し、「支援する場合は重大な結果を招く」と警告した。

②中国産EVを念頭に、政府補助を受けた中国企業の過剰生産が米国と世界の産業と雇用に「壊滅的な打撃」をもたらすことに強い懸念を示し、中国側に「政策転換による改善」を求めた。

この2つの問題で業を煮やしているバイデン政権は、決定的な対立を避けるための「最

後の話し合い」としてイエレン氏を中国に送り込んだわけである。

米国からの①の要求に対し、中国側が一連の会談でどう答えたかに関する報道はない。ただ、4月10日、中国外務省の毛寧報道官は定例の記者会見で、「中国とロシアには正常な経済貿易協力を行う〝権利〟がある。このようなロシアに対する協力は妨害や制限を受けるべきではなく、中国は非難や圧力を受け入れない」と語った。

それは明らかに、イエレン氏の訪中を強く意識したものであった。中国政府は結局、この問題に関して彼女が伝えたバイデン政権の懸念と要求を一蹴したとみられる。

さらに驚いたことに、イエレン財務長官の北京訪問中の4月8日、ロシアのラブロフ外相が王毅《おうき》外相の招待で北京訪問を開始した。翌9日、習近平主席自らがロシア外相との会談に臨んだ。

このような際どい外交行動の意味するところは何か？

習近平政権は米国の警告と要求を撥《は》ねつけて、ロシア支援を引き続き行っていくことへの断固とした意思を表明したのに他ならない。米国に対する示威《じい》行為と断じてもいい。

それに対し、イエレン財務長官は4月8日に北京で行った締めくくりの記者会見において、「ロシアの国防産業に基盤軍事品やデュアルユース（軍民両用）品を流す取引を促進する中国の銀行は、米国の制裁リスクに晒されることになる」と述べ、中国の銀行に対する金融制裁の発動を示唆した。

確定した新たな貿易戦争の再開

こうしてみると、米国側が強い関心を持つ「対ロシア支援」の問題をめぐり、米中交渉は完全に決裂したと捉えるべきであろう。加えて、金融制裁を含む米国側による制裁発動の可能性は大である。

米国側の前掲②の懸念と要求、すなわち中国の過剰生産に対する懸念と改善要求に対し、中国側はやはりゼロ回答で突っぱね、完全拒否の態度を示した。中国財政省の廖岷《りょうびん》次官は4月8日の記者会見で、「過剰生産能力の解消は市場次第だ」と述べ、市場任せを口実に中国政府としては政策転換は〝しない〟との姿勢を明確に表明した。

人民日報系の環球時報は翌9日、「要求を実現するため、中国に圧力をかけるといった米国側の基本路線に変更はない」とする専門家の見方を掲載して米国批判を展開した。

これに対してイエレン財務長官は、先に記した訪中締めくくりの8日の記者会見で、「政府の補助金を受けた安価な中国製品の流入で、自国の新たな産業が壊滅的な打撃を受けることを米国政府は認めない」と明言した。さらに彼女は同日、米CNBCテレビのインタビューに対し、「中国政府の補助金を使った安価な中国製品の流入から米国の産業と雇用を守るため、関税の引き上げは排除しない」とダメ押しをした。

結局、過剰生産に関する米中交渉も完全決裂してしまった。11月の米大統領選を迎えるなかで、バイデン政権としては当然、米国の産業と雇用を直撃するこの問題をそのまま放置することはできない。関税の引き上げを含めた措置の発動はもはや避けられない。トランプ政権以来の新たな貿易戦争の再開は必至となった。

習近平が掲げるスローガン「新質生産力」の看板となったEV

フタを開けてみれば政府補助と海外市場頼りの代物

一方、米国側が指摘し懸念する、EVを中心とした中国の過剰生産問題について、習近平政権はそれを〝改善〟する意思などハナからさらさらない。それが今回の米中対立の最大のポイントであると、筆者は指摘しておきたい。

なぜならEVに関しては、習政権は以前から、欧米を凌駕《りょうが》する国際的競争力を備える新産業として育てる国策に指定し、挙国体制でそれを推し進めてきたからだ。

それが表向きにディスクローズされたのは昨年9月、習近平主席は自ら「新質生産力」(=イノベーション重視)という新造語を持ち出した。新質生産力をお得意のスローガンとし、今後の中国の産業と経済発展の〝方向性〟の主軸だと喧伝し始めた。

要は、不動産市場の崩壊にともない、不動産開発業や関連する鉄鋼・セメント製造などの伝統産業がそろって沈没するなか、それらにとって替わり中国経済を支える新支柱を希求していたからだった。

以来、新質生産力は習主席の経済政策・戦略の一枚看板となった。その重要なる一翼を担うのがEVであった。

それでは習政権がEVを新産業として育てていく秘策とは何か？　政府補助である。筆者に言わせれば、EV製造企業に大量の補助金を与えるという、きわめて安易な産業政策に他ならない。

ところが、中国国内の企業経営者はおおいに色めき立った。補助金を目当てに一斉にE

V産業に参入してきた。ここが中国らしいというか、中国ならではというか、誰かが補助金を得るのなら自分もという気持ちが強すぎて、見境なく参入してきたのである。またたく間に中国EV産業の生産能力は国内需要を大幅に上回り、深刻な「生産能力過剰」の問題が生じてしまった。

2023年、中国国内のEVを筆頭とする新エネルギー車の販売台数は949・5万台であったのに対し、本年4月時点における生産能力は年産2000万台超、約2倍と推定されている。

記憶を手繰《たぐ》りよせてみると、中国の肖亜慶《しょうあけい》工業情報相（当時）は2021年9月時点で、「中国のEVメーカー数は多すぎる」と語っており、過剰問題はすでにくすぶっていた。

習近平肝いりの政府補助によるEV製造企業への支援を行った結果、中国は深刻な生産能力過剰の問題を抱えることになった。となると、中国は必然的に、過剰生産されるEVを欧米市場を含めた海外市場で捌くことに活路を見出さざるを得ない。

一方、欧米企業は政府補助を大量に受けている中国のEVメーカーの〝価格競争力〟には歯が立たない。中国製EVの破壊的な輸出攻勢に欧米の同業は大打撃を被り、経営難に晒され、雇用に悪影響をもたらすのは必至だ。

結局、習主席が掲げる新質生産力とは、発明や創造、技術革新による「新質」ではまったくない。単なる政府補助と〝海外市場頼り〟の代物であったのだ。米国としては、こんなものに自国のEV産業が壊されるのを座視するわけにはいかない。

実は米国のみならず、EUも安価な中国製EVの流入にいら立ち始めており、一部を除きバイデン政権と歩調を合わせる方針である。

米国とEUが共同で中国製EVを封じ込めることになれば、海外市場頼りの中国の新エネルギー車産業は逆に破滅的な打撃を受ける可能性があるのではないか。習近平肝いりの新質生産力戦略はその初《しょ》っ端《ぱな》から挫《ざ》折《せつ》しかねない。

しかしながら、この調子では中国と習主席の反米意識と米中間の対立はより一層激しさを増すに違いない。

米国との対立を強く意識する習主席は前述のように、イエレン氏訪中の直後にロシア外相と会談し、「中露戦略関係の強化」を高らかに宣言した。だが、それでは中国と米国・EUとの間の溝がますます深まるばかりである。

続く調和不能状況

絶望的なゼロ回答に終わった米中首脳電話会談

米中対立の深まりは何も貿易問題に限定されたものではない。イエレン氏訪中に先立って、米中首脳による久しぶりの電話会談も行われたが、この首脳会談はまた、より広範囲の問題をめぐる米中対立の深刻さを露呈することになった。

バイデン米国大統領と中国の習近平国家主席との電話会談が行われたのは本年4月2日のこと。昨年11月の対面での会談以降初めてであった。

会談当日の晩、ホワイトハウスによる「会談紀要（要点記録）」が発表された。その中国語の全文訳が米国の駐中国大使館の公式サイトでも掲載された。

中国側では4月3日、人民日報が一面トップで同会談に関する記事を掲載したが、それは当然、中国政府の公式発表に準ずるものである。

まず、ホワイトハウスの公式発表によると、バイデン大統領は同電話会談では習主席に対し、次のようなことを強調し、あるいは懸念を示したという。

①台湾海峡の安定と平和を守ることの重要性の強調。
②南シナ海の法の支配と航海の自由を守ることの重要性の強調。
③中国がロシアの国防産業に対する支援に懸念。
④中国の不公平な貿易政策と非市場経済的なやり方に懸念。
⑤米国は引き続き、中国の先進技術が米国の国家安全を損なうことに使われないよう必要な措置をとる、との意思表明。

以上は、米国側公式発表による、バイデン大統領が強い関心や懸念を持って習主席に注文したことのポイントである。

要はバイデン政権の中国に対する核心的な要求の数々であるが、それらに対して習主席がどう答えたのかについては、ホワイトハウス側の公式発表には一切ない。

ということは、バイデン大統領は習主席から、米国側の諸要求・注文に対する積極的な回答を一切得られていないと考えられるのである。

互いに黙殺し合った相手側の要求

一方、人民日報の公式発表においても、バイデン大統領が語った上述の5つのポイントについては一切触れられていない。中国側も結局、米国大統領からの諸要求を完全に黙殺した格好である。

こうしてみると、米国側が大きな関心と懸念を持って提示した前述の5つの問題について、首脳会談での米中間の歩み寄りや合意は何ひとつなく、対立の解消に向けての前進がないことは論を俟《ま》たない。

人民日報の公式発表では、習主席は同電話会談で、バイデン大統領に対して次のようなことを訴えたとされる。

①米中関係は、「和をもって貴しと為す」、「安定が肝要」、「信用を根本とする」という3つの原則に基づくべきである。

②台湾問題は米中関係における「超えてはならない第一のレッドライン」、バイデン大統領が「台湾独立を支持しない」との約束を実際の行動を持って履行することを期待する。

③米国がどうしても中国の高先端技術の発展を〝阻害〟するのであれば、中国は座視する

ことはできない。

以上の3つのうち、①は習主席が好きな建前上の一般論であって無視しても良いけれど、②③こそは、習主席がバイデン大統領に突きつけた注文、あるいは要求の2大ポイントである。

端的に言えば、習主席はバイデン大統領に向かい、「〝台湾独立を支持しない〟との約束を行動で果たせ！」、「半導体などの先端技術領域では中国に対する禁輸などの〝阻害措置〟を止めろ！」と強く迫ったのだ。そこからは、習主席のバイデン政権に対するいら立ちと不信感が強く感じられる。

しかしながら習主席から突きつけられた2大要求に関して、今度はホワイトハウスの公式発表がまったく取り上げることなく完全に黙殺された。あたかも、習主席がそんな話をまったくしていないかのような扱い方であった。

こうしてみると、両首脳の久しぶりの会談は結局、相手の核心的な要求やいら立ちを完全に無視したまま、自国の要求を一方的に突きつけただけの平行線会談となった。

核心的利益につながる諸問題について双方の歩み寄りは皆無。米国が重大な関心を持つ諸問題については、両国間の対立が解消できないままである。言ってみれば、米中両国間の対立はいわば〝調和不可能〟なものであることが首脳会談によって浮き彫りにされた。

不定期の首脳会談で米中関係の緊張が多少緩和されることはあるだろうが、米中対立の〝構図〟は変わることはない。それは、今後においてもアジア太平洋地域の国際政治の基軸の一つであり続けよう。

COLUMN

なぜ公安部が地方政府の債務危機に駆り出されるのか？

本年6月5日、中国公安警察の総元締めである公安部（省）は党委員会拡大会議を開き、直近の習近平主席「重要講話精神」を伝達・学習すると同時に、国家の安全を守るための公安部の「工作方針」を討議・決定した。

今後の工作方針の一つに関して、次のように示された。「関連部門との緊密連携の下、金融リスクの発生に対する監視と警告喚起を強化する。①地方政府の債務、②不動産などの重要領域におけるリスク発生に対しては、防止とコントロール、およびリスクの解消に努めなければならない」

公安部の普段の仕事の範囲は当然ながら、国内の犯罪の取り締まりや治安の維持に他ならない。金融や地方政府の債務などの経済問題とは本来、何の関係もないはずである。

したがって今回、公安部がそれらの経済領域における「リスク発生の予防」に乗り出すと宣言したことは前代未聞の大珍事、と国内でも話題を呼んでいる。そしてこのことは逆に、上述の①②の領域において、重大なる危機が発生する可能性が高いことを仄《ほの》めかしていると思われる。

たとえば、地方債務問題。昨年、中国各地の地方政府が公式に発表したところの債務総額は35兆元に上っており、日本円では約750兆円にもなる。この数字は経済大国日本の名目GDP約591兆円を大きく上回っている。

当然ながら、それは単に地方債務の氷山の一角に過ぎない。IMF（国際通貨基金）の試算では、それ以外の隠れ債務は実は56兆元、両者を合わせて91兆元、日本円にして約1968兆円にまで膨れ上がってしまった。

地方債務がそれほどの規模にまで膨らむと、当の地方政府はもはやお手上げだ。そして中央政府もこれといった解決策は持ち合わせていない。むろんそれは、公安警察が対処できるような問題ではまったくない。

そうすると、前述した公安部が示した「地方債務のリスク予防」とは結局、地方債務危機の爆発にともなって生じてくる政治・社会危機にどう対処するかの話であろう。

多くの地方政府が債務問題で財政破綻となった場合、水道から市内バスまで公共サービスが止まったり、機能不全となることで社会的大混乱が起きる可能性は大。そして地方政府の財政難で教師や役所の職員を含む地方公務員の大幅減給や人員削減が目の前の現実となれば、政権を支えてきた彼らが一般民衆と同様、抗議運動をも起こす可能性もこれまた大と思われる。

それだけでも政権にとっては政治危機の発生を意味するだろうが、公務員が率先して造反するようなことになれば、国内であふれている失業者や各階層の不平分子がそれに便乗して一斉に乱を起こしてくるのは必至ではないか。そしてそれが結果的に、社会的大動乱の勃発を引き起こすことになりかねない。

加えてもう一つ、金融システムに大問題が生じて銀行が破綻するかもしれないような状況となった場合、いわば取り付け騒ぎの大量発生によりあちこちで騒乱・暴動が起きてくることも予想されよう。

こうなった時こそは公安警察の〝出番〟である。公安部が地方債務や金融などの経済領域の問題対処に乗り出そうとしていることの意味はまさにここにある。

公安警察までがこのような問題への対処に動員されようとしている現実を、筆者はこう考察する。当然ながら、中央政府はすでに何らかの経済政策を講じた結果、それらの問題を解消することを半ば諦めており、最悪の事態が生じることを想定しているのではないかと。

最後の頼りは結局、警察という〝暴力措置〟以外にない。

しかし政権が、暴力措置を用いて経済危機に対処しなければならないのであれば、それはまた、政権にとっての〝最終局面〟が近づいてきていることを示しているのではないか。

第7章

共産党政権史上初めて起きた国務院総理の実質排除

頂点に達したバカ殿の李首相に対する不信感

異常事態が発生した政治局会議

本年5月27日、中国共産党は北京にて政治局会議を開いた。翌日の人民日報の報道によると、今回の政治局会議のテーマは「中部地方崛起促進の政策措置」と「金融リスクを防止するための責任制度に関する規定」とあった。

毎月一度開催される政治局会議は当然、政治局委員の全員参加を前提とするものである。病気や突発的な事故を除き、委員の会議欠席は許されないし、通常はあり得ないとされる。

しかし、27日の政治局会議において、とんでもない異変が生じた。同じ人民日報の報道によると27日当日、政治局常務委員・党内序列第2位の李強首相は韓国のソウルを訪問中で、帰国したのは同日午後であった。それでは彼は、政治局会議には参加していないのではないか。

人民日報発表の、当日の李強首相のスケジュールを見ると、彼は午前には韓国大統領、日本首相とともに「日中韓首脳会議」に出席しており、そして正午からは日韓両国首脳と一緒に「日中韓商工サミット」にも出席しスピーチを行った。

このスケジュールでは、ソウル市内から空港への移動時間、北京へのフライト、そして北京空港から北京市内への移動時間などをトータルすると、李首相が北京中心部に着くのはどう考えても午後の遅い時間帯である。そうなると、彼は27日開催の政治局会議に出席していないのではないかとの推測が成り立つ。

そして29日付の人民日報が報じたところでは27日の午後、習近平主席の主宰下で政治局は「集団学習」を行ったという。学習のテーマは「就業問題」である。そうすると、前述の政治局会議が開かれたのは、その日の午前中であることはほぼ断定できよう。実際、習近平政権の下では、午前に政治局会議を開き、昼休みをはさんで午後に政治局勉強会を開くのが長年の慣習ともなっている。

しかしそれでは、当日午後の遅い時間帯で韓国から帰国した李首相が政治局会議に参加できず、政治局の勉強会にも間に合っていないことはほぼ確実だ。

政治局員であって共産党最高指導部の一員でもある彼が政治局会議に出席しないのは一体どういうことか。それはあまりにも異例にして異常な出来事である。

欠席が許されない会議に欠席した李強首相

毎月の政治局会議は原則月末に開くことになっているが、開催日は固定されているわけではない。したがって、5月の政治局会議は李首相がソウルに立つ前日に開くこともできれば、彼の帰国の翌日に開くこともできる。

そうすると、習近平指導部（要するに習近平氏本人）はわざと、李強首相の帰国途中の日を選んで政治局会議を開いた可能性が高い。少なくとも、今回の政治局会議に李首相が出席しなくてもよいとの判断が習氏にあったと思われる。

しかし本来、その日の政治局会議と集団学習はともに〝経済〟がテーマであるから、李首相こそ本来、誰よりも欠席は許されないのではないか。しかも、「日中韓首脳会議」の参加という李首相の外交スケジュールは通常は数ヵ月前から決まっているはずだ。その日程に合わせて政治局会議の開催日を決めるのは、いとも簡単なことだと思われる。

そう考えてみると、李首相が北京を留守にする27日を選んで政治局会議の開催を決めた習近平指導部（あるいは習主席）の動きはもはや〝確信犯的〟なものであろう。要するに彼ら（あるいは彼）は意図的に、党内序列第2位の李首相を党の最高意思決定機関の政治局会議から締め出した、ということである。

これまで、習近平指導部が座談会などの重要会議から李首相を排除したことはたびたびあったが、今回のような党指導部の正式会議からの〝排除〟は初めてのこと。鄧小平時代以来の共産党政権史上おそらく前代未聞の異常事態である。

李首相の政治局会議からの排除は今後定例化、あるいは常態化するかどうかはいまの時点でよく分からない。少なくとも今回の件で習主席は、経済問題に関する党の意思決定に李首相を入れなくても良いとの判断を下した。

会見する李強首相

李首相から一斉に離れていく政府要人と官僚たち

実はこの政治局会議の数日前の5月23日、習主席は視察先の山東省済南市で専門家と企業家を集めて「改革の深化」に関する座談会を開いた。

経済がテーマの会議であるにもかかわらず、習主席と同席したのは政治協商会議主席の王滬寧《おうこねい》政治局常務委員と党務・イデオロギー担当の蔡奇常務委員、同じ政治局常務委員の李首相はやはり呼ばれなかった。そして人民日報の報道では、同日、李首相は隣の河南省で視察し、「夏の穀物の豊作対策」を指示したという。

こうしてみると、今後においては、政治だけでなく経済に関する最高レベルの意思決定から李首相を完全に排除し、夏の穀物豊作対策などの低次元の具体的な仕事だけを彼にやらせるというのが、習主席の既定の基本方針であると理解できよう。自らの子分であるはずの李首相に対する習主席の〝不信感〟が相当なものであることがうかがえる。

その一方、李首相はそこまで独裁者の習主席から嫌われているとなると、こうしたことにきわめて敏感な副首相など政府要人と首相配下の国務院の官僚たちは李首相の下で仕事に励むようなことは当然しない。

彼の指示に対しては面従腹背の対応でいっさい動かないのは幹部たちの〝対李首相対策〟の鉄則となるはずだ。

これでは李首相は在任ながら事実上の死に体となり、中央政府の国務院もまともに仕事することもできない。

しかし李首相はそのまま、座して死を待つだけだろうか。

驚きの李首相による習主席に対する公開造反

習近平のイジメに切れてしまった李首相

本年7月20日、中国共産党第20期中央委員会第3会全体会議（3中全会）2日目、人民日報は第一面において4本の関連記事を掲載した。

中央政府の国務院、全人代常務委員会、政治協商会議、そして中央規律検査員会の並列する4つの最高機関はそれぞれ、「3中全会の精神を学ぶ会議」を開いたと報じたのである。

この4つの会議は、国務院総理＝首相の李強氏、全人代常務委員会委員長の趙楽際《ちょうらくさい》氏、政治協商会議主席の王滬寧氏、規律検査委員会書記の李希《りき》氏のそれぞれが主宰、4人のトップが各々の会議で「重要講話」を行った。

そのうち趙楽際氏、王滬寧氏、李希氏は各自の会議で行った講話において、「二つの確立」、すなわち「習主席の指導的地位の確立と習近平思想の指導理念としての確立」に言及、今日では政治の場で欠かせない常套句《じょうとうく》を使い、習近平国家主席への〝忠誠心〟を表明した。

王滬寧氏に至っては、「二つの確立の決定的意義」を強調すると同時に、「これまでの輝かしい業績はすべて、習近平総書記の舵取りによるものであり、習近平思想の導いたものである」と、習主席に対する最大限の賛辞を捧げた。

ここで注目すべきは、講話を行った4人のなかで国務院首相の李強氏のみ、二つの確立に対する言及が〝皆無〟だったことだ。習主席のことをことさらに賛美することもなく、他の3人との〝違い〟は際立っていた。

本来、この4人のなかでは李首相は習主席のもっとも関係の深い側近であり、誰よりも習主席に忠誠を尽くさなければならない立場にある。ところが、李首相は国務院会議という公の場での講話において、しかも人民日報によって公開される形で、公然と二つの確立を無視した。

中国の政治文化において、これはまさに重大なる意味を持つ政治的行動であり、李首相による〝公開造反〟といっても過言ではない。

捉えようによっては、李首相はここで、「自分はもはや習主席の側近でもなんでもなく、習近平の指導地位も習近平思想もクソ食らえだ！」と宣言したようなものである。

李首相、堪忍袋の緒が切れたことの理由

昨年3月の全人代で国務院総理になって以来、習主席がさまざまな重要な場面で「李首相外し」「李首相排除」を行ってきたことは、かねてより筆者が指摘してきたとおりのことである。

どうやらここに来て、習主席によるあからさまな仕打ちに対して李首相は業を煮やした。忍耐の限界に達してプツンと切れてしまったのか。筆者はその可能性が強いと捉えていた。

その2日後の7月22日、人民日報は一面で、3中全会で採択された「さらなる改革深化に関する中共中央の決定」の形成過程に対する習近平主席の説明報告の全文を掲載した。

そのなかで習主席は、昨年11月の中央政治局会議が当該草案を決定し、自らを組長とする政策立案チームも同時に設置されたと説明した。

さらに習主席の説明によると、この政策立案チームでは、自ら組長を務める以外に、政治局常務委員の王滬寧・蔡奇・丁薛祥の3名が「副組長」を務めていたと明かした。つまりここでも、国務院総理の李強氏が〝排除〟されているわけであった。

しかしながら、本来、2029年までの改革や経済政策の策定に関わるこの「決定」に

は、国務院総理こそが〝いの一番〟に関わるべき人物である。李首相がそこから外されるようなことは通常はあり得ない。

それでも習主席があえて李首相を政策立案チームから排除したことは、要するに主席としてはもはや、政権の最高意思決定には李首相を関わらせない。そう腹を決めたことを意味する。

2029年までの政権の方向性に関する政策決定から李首相を排除したことは、今後の5年においても「李首相は要らない」と宣言されたようなものだ。これでは、首相の任期がまだ3年半もあるはずの李首相は、現時点ではすでに事実上の死刑判決を受け、完全に〝死に体〟となっているといえよう。


これまで散々イジメられても習主席に従順だった李首相はとうとう〝切れて〟しまったのかもしれない。

ここで等閑視《とうかんし》してはならないのは、李首相が半ば公開の形で習主席への造反を表したことであろう。しかも習主席自身も、政策立案チームから李首相を排除したことを自ら公表したことにより、2人の対立はすでに満天下に知れ渡ってしまった。

要は、これで〝手打ち〟の可能性はなくなってしまったのだ。

他方、以前に秦剛《しんごう》外相や李国防相の首を切ったのと同じように、さすがの習近平も〝現職〟首相の首までそう簡単に切ることはできまい。李首相は死に体のままで首相職をしばらく続ける可能性もある。

しかし、2人の対立と相互不信が今後も続くなか、中国の中央政治はますます機能不全に陥って混迷を深めること請け合いであろう。

背後に横たわる度の過ぎた軍粛清

こうした状況下での本年7月27日、解放軍機関紙の「解放軍報」は第二面の「強軍論壇」にて、「党内政治状況の低俗化を戒めるべき」との論評を掲載した。

ここには次のような意味深長な言葉が散りばめられていた。

「いま、個別の部署において党内の政治状況が正常さを失っている。個人が党組織の上に君臨し、〝家長制的〟な手法で、鶴の一声で物事を決めるようなことが起きている」

この文章は、どう考えても解放軍内の話としてではなく共産党内を示し、党内政治生状況の〝不正常さ〟を問題にしている。そこで家長制的なやり方うんぬんの批判は習近平を指呼したものであると思われる。

解放軍報の編集責任者がこうした政治的機微を知らぬはずはないことから、これは〝軍ぐるみ〟の造反行為に発展する可能性をはらんでいるのではないか。

その背後にはやはり、筆者が幾度となく取り上げてきた、習近平の軍に対する深い不信感と度の過ぎた軍粛清の展開が横たわっているに違いない。

どうやら側近の李首相だけでなく、解放軍の習主席に対する忍耐もいよいよ限界を迎えようとしている模様である。内部からの爆発はいずれか現実となっていくのであろう。

李強首相と李克強前首相の共通点を見つけたり！

習近平を無視し続ける李強

先に習近平側近であるはずの李強首相が、国務院会議において公然と習近平礼讃の「二つの確立」を無視するという〝公開造反〟を行ったことを記した。

実はその11日後の7月31日、李首相主宰の国務院会議は再び、習近平無視を演じて見せた。

同会議は「当面の経済情勢と下半期の経済工作に関する習近平総書記重要講話を学習する」と銘打っていた。ところが、翌日の人民日報で公表された会議の具体的内容をチェックしたところ、習近平の名前と習近平講話に対する言及は〝皆無〟であった。習近平抜きの「党中央」が主語に、会議のテーマは「党の3中全会精神の学習・貫徹」になっていた。

その前日の7月30日開催の中央政治局会議。習近平主席は「当面の経済情勢と下半期の経済工作」に対して重要指示を行った。それを受け、経済工作担当の国務院は立場上、それを〝学ぶ〟会議を開かざるを得ない。しかしながら、その後公表された会議の中身にあたると、習近平の重要指示は完全に抹消されていた。こうしたあからさまな行動により、李首相の習近平無視が〝確信犯的〟なものであることが伝わってくる。

そしてその翌日の8月1日、李首相はまたもや習近平への〝当てつけ〟とも思われるような行動に出た。新華社通信の報道によると、李氏はその日、湖南省郴州《ちんしゅう》市を訪れ、水害を受けた現場を視察、災害対策にさまざまな指示を行ったのである。

国内被災地の現場に通い続けた李克強前首相

実は胡錦濤政権時代、国内で地震や水害などの大災害が発生するたびに、国務院総理、もしくは国家主席が被災現場を視察し、災害対策の陣頭指揮を取るのが一種の伝統となっていた。

四川大震災時には当時の温家宝首相が現場に張り付き、救助の指揮を採り、胡錦濤主席はその直後に災害地入りを繰り返した。

ところが、習近平政権になってから、この良き伝統に〝異変〟が起きた。

習主席は自らの政権に移行して以来、災害の最中やその直後の現場へは一切足を運ばないことになった。実際、国家主席就任以来11年間、彼がこのようなことをしたことは一度たりともない。被災地に赴いたのは、災害発生からずいぶん時間が経ち、すべてが収まった後のことであった。

たとえば2020年1月に武漢でコロナが爆発的な感染拡大となった際、李克強《りこっきょう》首相（当時）は1月27日の感染拡大の最中に武漢入りして陣頭指揮を執った。それに対し、習近平が武漢を訪れたのは3月10日。武漢でのコロナがすでに抑え込まれた後の「勝利宣言」を行うためだった。

昨年10月に亡くなった李克強氏は、2013年3月から国務院総理（＝首相）を務めた丸10年間、以前の胡錦濤政権の〝伝統〟を受け継ぎ、頻繁に災害現場に出かけた。

それは李前首相の人望を高めたと同時に、習近平の「災害地無関心」とは好対照をなすことになった。

当時からそれは、李前首相の習近平に対する当て付け、ささやかな〝反抗〟とも見なされた。このことも一因となって、李前首相は一昨年秋の党大会において、習近平よりも年下でありながら引退に追い込まれた。

この李克強氏に取って代わり、習近平側近の李強氏が首相になったのは2023年3月の全人代であった。

李強氏は首相になってからボスの習近平にならってか、災害の現場には基本的に行かないことにした。ボスの習近平が行かないなら、自分が行けばボスに対する当て付けになることを知っていたからであろう。

筆者が調べたところでは、彼が首相になってから2024年7月までの約1年半、唯一災害地を視察したのは23年12月23日、甘粛省で震災地を訪れた1件のみであった。李首相は極力ボスの習近平に遠慮して、自分だけが〝良い子〟となるような行動を慎んでいたことが見て取れる。

ところがである。

先述したとおり、8月1日、一連の会議で公然と習近平〝無視〟を貫いた李首相は、堂々と水害地を視察して災害対策の陣頭指揮を執った。これは上司に何の遠慮もしないことの意思表明であったと、筆者は捉えている。

そしてその行動自体、かつての李克強首相と〝重なって〟見えるのは、筆者のみではあるまい。まさに習近平主席に対する痛烈な当て付けではないかと。

良い子の仮面をかなぐり捨てた李首相の対習近平造反はどこまで続くのか？

COLUMN

中国外交官に多大なる示範効果を与える華春瑩の出世

本年5月27日、中国外務省は報道局長を務める華春瑩《かしゅんえい》次官補を外務次官に昇格させる人事を発表した。

今年54歳の華氏はこれで、外務省一番の若手外務次官となってまさに前途洋々であるが、実は彼女の外務次官昇進は、中国外務省のなかでは大変異例なことである。

　中国の外務官僚の場合、駐外国公使・大使を一度以上経験してから次官に昇進するのが一般的慣例であるからだ。現在の5名の外務次官のうち、華氏以外の4名は全員、駐外国公使・大使を2回ほど務めてから次官に昇格した。例えば華氏に次いで2番目に若い孫衛東《そんえいとう》氏の場合、次官になる前には、駐パキスタン大使や駐インド大使を歴任した。

　こうした慣例には当然、きちんとした理由が存在する。外交最前線の相手国で自国の全権大使を首尾よく務めあげたこ

出世する華春瑩氏

とによってこそ、一人前のベテラン外交官として認められ、次官という重責を任されるのである。

しかし華氏の場合、彼女はこれまで駐外国大使はもちろんのこと、公使すら務めたことがない。2003年から7年間、駐EU大使団の二等書記官、一等書記官、参事官を務めたのが現場での彼女の外交経験の仕上げであった。

そして2012年からつい最近までの約12年間、華氏はずっと外務省報道局に勤めて、報道官として活躍しながら、報道副局長・報道局長・外務次官補を経て、ついに次官に上り詰めた。

彼女がこのような異例な大出世を成し遂げた最大の理由はやはり、報道官を長く務めるなか、〝戦狼外交官〟ぶりを見事に発揮したことに尽きる。

知ってのとおり、戦狼外交とは、習近平政権独特の喧嘩腰外交、超強硬外交を形容する近年の新造語だ。

その担い手の一人、あるいは代表格の一人となっているのが華氏であった。彼女がこれまで米国や日本などに対して発した過激な〝物言い〟の数々はいまも国際社会の語り草となっている。

例えば2019年10月25日、当時の米ペンス副大統領が中国の宗教抑圧・人権侵害を批判する談話を発表したことに対し、華氏は定例の記者会見において「ペンス氏の言説は政治的偏見と虚言に満ちており、その傲慢《ごうまん》さと虚偽性を余すところなく露呈している」と罵詈雑言を並べて批判を行った上、「人のことを云々する以前に、まずは鏡で自分の顔をきちんと見たらどうか」と、痛烈な皮肉を浴びせた。

中国外務省の報道官として立場上、ペンス演説を批判しなければならないことは分かるが、彼女が一国の副元首であるペンス氏に投げつけた言葉はどう考えても、外交上の〝最低限〟の礼儀を欠いた乱暴にして好戦的なものであろう。

華氏の発した外交暴言の数々は枚挙にいとまがない。普通の国なら〝外交官失格〟の烙印《らくいん》を押されるはずの彼女がなぜ、異例の抜擢《ばってき》を受けて外務次官となったのか？　戦狼外交が習近平政権の外交理念と姿勢の基本であること。そして習政権は今後においてもこのような紅衛兵式の好戦外交を展開していく方針であることを、この人事は物語っていると筆者は考察する。

そして華氏の昇進は、中国の外務省のなかでは今後、多大なる〝示範効果〟を発揮していくこととなろう。

どこかの国の駐外大使となって相手国との関係維持・改善のために地味な努力を積み重ねるよりも、大きな声でどこかの国を厳しく批判して罵倒することのほうが出世につながるのであれば、中国の外交官たちは今後より一層、乱暴な戦狼外交を競い合っていくに違いない。

こうしたなかで隣国の日本にしても、中国との良好なる関係の維持を期待してもそれはまったく無駄なことだ。距離感と緊張感を持って対処していくしかない。

第8章

暗闘に持ち込んだ李強の力量

学習塾復権を果たした李強

バカ殿の鶴の一声で路頭に迷った塾教師1000万人

2024年8月4日、中国共産党機関紙の人民日報は一面で、中央政府の国務院が「消費・サービス業の高度なる発展促進に関する意見書」を公布したと報じた。

中国の場合、中央政府の意見書は政策施行のガイドラインにあたる「指示書」そのものである。そのなかで国務院は、外食産業や観光産業の促進などからなる20項目にわたる促進策を打ち出した。

そのうちの一つで、大変な注目を集めたのが「学習支援産業の発展促進と需要の喚起」であった。読者諸氏の記憶にあるかもしれないが、かつての中国は世界一の〝受験大国〟として知られ、学習支援産業は大変な繁栄を続けていた。

ところが、バカ殿習近平の鶴の一声により、繁栄が瓦解《がかい》してしまった。2021年7月、習近平政権は突如、「生徒の学習負担低減のため」と称し、全国の学習塾に非営利化を求めた。事実上の「学習塾禁止令」の執行に他ならない。

これを受けて、多数の学習塾が解散、倒産に追い込まれ、学習支援産業全体が破滅的な打撃を受けた。その結果、推定1000万人以上の塾教師が職を失い、ただでさえ国内全土に蔓延《まんえん》していた失業問題の深刻化に拍車をかけた。

以来、「学習塾潰し」は習近平政権の悪政の一つとして語られているほどだ。前述したとおり、その背後に気まぐれな習近平主席の意向が強く働いたことは、中国人民のコンセンサスになっている。

しかしながら、いまになって国務院はなぜこのように突如として、「学習支援産業の促進」を再び掲げ、政策として進めようとしているのだろうか？　これはまさしく180度の政策転換であり、習近平悪政に対する〝是正〟であるとも捉えられよう。

このような政策転換を主導したのは当然国務院総理（首相）の李強氏だと思われる。どうやら7月18日の共産党3中全会の閉幕以来、李首相は矢継ぎ早に、習近平に背くような一連の行動を取り続け、なおかつ加速化させているようである。

一方、習主席サイドも李首相に対する反撃に出た模様である。

真夏の北戴河で暗躍する習近平最側近の蔡奇

8月4日、人民日報第一面は、習近平最側近の蔡奇氏の動きを伝えた。蔡奇氏は党中央の避暑地である河北省秦皇島《しんこうとう》市北戴河において、休養中の科学者や各界専門家と接触を重ねているという。

人民日報によると、「蔡氏は習近平総書記の委託を受け、党中央、国務院を代表して面談、スピーチを行った」と伝えているが、これはそうとう〝奇妙〟な話である。

蔡氏は党中央書記処の筆頭書記だから、「党中央を代表する」ことは問題ないが、彼は国務院において何の職もなく、国務院を代表する立場ではまったくないからだ。本来、国務院を代表するのは国務院総理の李強氏に他ならない。蔡氏は北戴河の場において、習近平の〝委託〟を受けた形で、李氏の立場を奪おうとした。

蔡氏は当該スピーチのなかで、例の「二つの確立」にも言

暗躍する蔡奇氏

及した。この言葉はいま、党や政府の会議では欠かせない決まり文句となってはいる。しかし科学者や各界専門家たちを相手にスピーチするときには、特にそれに言及する必要はない。

蔡氏がここで故意に場違いの「二つの確立」に言及したのはやはり、7月19日の国務院会議で李首相がそれに言及しなかったことに対する〝意趣返し〟であろう。筆者は習近平の意向を受けての〝反撃〟だと捉える次第である。

ここにきて習近平vs李強の確執は深まる一方であり、さらに蔡奇も顔を突っ込んできた。共産党最高指導部内における混迷と亀裂が、これからどのような結末をもたらすのか注目したい。

決定的な第一歩を踏み出した李強首相

習近平〝離れ〟から〝排除〟にシフトアップ

李強首相の動静については本年に入ってから継続的に伝えてきたのだが、ここにきて緊迫の度を増してきた。

本年8月16日、李強首相は国務院全体会議を招集、主宰した。これは李氏が首相に就任して以来、5回目の国務院全体会議であった。

翌17日の人民日報の公式発表は次のように伝えた。

「同会議には中央政府各部門の責任者が列席した以外に、各省・直轄市・自治区の責任者もオンライン方式で参加した。過去5回の国務院全体会議で各省・直轄市・自治区の責任者が参加したのは今回が初である」

要は、今回の会議が大変重要なものであることを示唆したわけである。

これまでさまざまな場面において習近平〝離れ〟の動きを見せてきた李強首相は、それこそ旗幟鮮明《きしせんめい》にシフトアップした習近平〝排除〟の姿勢を示した。

まず、人民日報発表の会議内容の冒頭にはこう記されていた。

「会議は党の3中総会の精神と中央政治局会議・政治局常務委員会議の精神を深く学び、党中央の精神を持って思想の統一・意思の統一・行動の統一を図るべきと強調する」

ここで大いに注目すべきなのは、国務院会議として学ぶべきところの精神は党の一連の会議の精神であって、思想・意思・行動の「統一」の軸となる精神は党中央の精神であるとしたところだ。

つまり、これまでお題目のように謳《うた》われていた「習近平」と「習近平思想」が完全に抜けて、「党」と「党中央」が〝主語〟となっていたのである。

現在の中国政治を熟知している人ならば、このような表現を目にしただけで驚愕するのは当然であろう。

習近平独裁政権下では通常、党と政府の「思想統一・意思統一・行動統一」の基軸とされるのはまさに「習近平思想」であった。そして党中央のこととなると、「習近平総書記を核心とする党中央」は絶対に不可欠な枕詞《まくらことば》であった。習氏自身の発言以外に、「党中央」から冠語としての「習近平総書記」を外すのはあり得ない話であった。

しかしながら、今回の李首相主宰の国務院会議はまさにこのような「あり得ない」ことをやってしまった。国務院の学ぶべき「精神」と「思想・意思・行動統一」の軸から「習近平」「習近平思想」を堂々と外して、あまりにも露骨な習近平排斥《はいせき》を〝断行〟した。

その一方、発表されたところでは、李首相が会議での発言で一度だけ、習近平総書記のことに触れた場面があった。

「改革の全面的深化に関する習近平総書記の一連の新思想・新観点・新決断を深く学習・

理解し、改革の全面深化に関する党中央の方策を断固として実施していく」

これに関するこうした李強首相の発言は実に興味深い。李首相は一応は習総書記の「新思想・新観点・新決断」を深く「学習・理解すべき」と語ってはいるものの、その直後に「党中央の方策の実施」を述べたのはミソであった。

要は李首相はここで、習近平の「新思想・新観点・新決断」に関してはそれを「深く学習・理解すべき」と言ったとはいえ、それの「貫徹」や「実施」については何ら語らなかった。

国務院として実施していくのは、あくまでも「党中央の方策」なのである。

つまり、李首相は「習近平の思想・観点たるものは一度学んで理解したら、それで終わり。実際に行動に移すべきことは別にある」と言わんばかりなのだ。

そして自分が従うのは、「党中央の方策」であって、「習近平の思想」ではないことを公言したわけである。

北戴河会議の成果と李強の強気を読み取る

今回の李強首相の発言がどれほど〝異常〟なものであったのか？

彼自身がそれまで主宰した国務院全体会議の「習近平」に関する表現と比べてみれば、一目瞭然であろう。

例えば2023年3月、李氏が首相に就任した直後の会議において、こう述べた。

「新しい政府は習近平思想を指針とし、習近平総書記の重要講話を深く学び理解し、それを真剣に貫徹させ実施に移さなければならない」

あるいは本年3月開催の李首相主宰4回目全体会議においてはこう語った。

「習近平総書記の重要講話は非常に強い思想性、指導性を持ち、われわれはそれを深く学び貫徹させなければならない」

つまり、かつての国務院会議は、習近平の講話などに関する「実施」「貫徹」が強調、強要されていた。

ところが今回の場合、実施も貫徹の文言も抜けており、事実上棚上げ、無視されたわけである。

以上、人民日報発表の李強首相主宰国務院会議における重要内容を紹介した次第である。

習近平の側近あるいは子分であったはずの李強氏はこれで、「習近平離反」の決定的な

〝第一歩〟を踏み出したと言ってよい。

彼は今後、国務院総理として、党中央の一員として「党中央の精神と方策」に従って仕事を遂行していくとの姿勢を明確に示した。もはや習近平一個人の言いなりにはならないと、宣言したのである。

どうしてここに来て、李強氏はこれほど思い切った習近平離反をやってのけたのか？一つの推測としては、直近の2週間に開かれたであろう恒例の「北戴河会議」に関係している可能性が強い。

知ってのとおり、北戴河会議とは毎年盛夏の8月に、党中央の現役指導者と引退した長老たちが避暑地・北戴河（河北省）にある党中央専用の別荘団地に集まり、断続的に開催される非公式会議のことである。

本年の場合、先にふれたとおり、政治局常務委員の蔡奇（党序列5位）が8月3日に北戴河で科学者たちと面談したことが分かっている。

また、習近平・李強を含めた中央指導者たちの大半は8月に入ってから公の場面から姿を消しており、そこから推測するに北戴河会議が8月前半に開かれた可能性は濃厚である。

そこではさまざまな政治的暗闘が繰り広げられたはずだ。今回の李強の強気を見るにつけ、習近平の力が相当後退し、李強がある程度の主導権を取り戻した、とりわけ国務院に関しては大きく奪い返したことがうかがえる。

今後の展開を待つことにしよう。

COLUMN 崩れた習近平の虚像

本年6月9日、ワシントン・タイムズは公式サイトにおいて、米国議会調査局（CRS）の報告書に基づく、習近平の海外隠し財産に関する衝撃記事を掲載した。「中国政府高官、親族を利用し富と汚職を隠す議会報告書」と題するもので、習近平主席を含む多くの共産党高官の海外隠し財産の実態が詳しく記されている。習氏に関する報告書内容の要点は下記のとおり。

①習近平は政権奪取以前の2012年時点において、少なくとも3億700万ドルの企業投資を行い、3億1100万ドル以上の価値を持つレアアース企業の18％に及ぶ株式持ち分（投資家持ち分）、同テクノロジー企業の株式持ち分2020万ドルを間接的に保有した。

②習近平の推定7億720万ドルの隠し財産の名義は、妻の彭麗媛と娘の習明《しゅうめい》澤《たく》を含む親族に分散されている。親族とは習氏の長姉、斉橋橋《さいきょうきょう》氏とその夫である鄧家貴《とうかき》氏、娘の張燕南《ちょうえんなん》氏など。

以上は、ワシントン・タイムズが報じた、「習近平の隠し財産」の中身であるが、米国議会調査局という議会関係の公の機関からの報告書であれば、その内容には一定の信憑性があると思われる。そして、このような報告書が出されたことは、今後の中国政治と米中関係に大きな影響を及ぼすだろうとも考えられる。

習主席はこれまで政権の幹部に対する腐敗摘発を、政敵潰しと独裁確立の主な手段として使ってきた。だが、今回米国により暴露された彼の「隠し財産＝腐敗」問題が国内に伝わると、党内の反習近平感情の爆発に火をつけ、〝反対勢力再結集〟のきっかけになる可能性が出てこよう。

なぜか？　習近平による腐敗摘発は、中国の貧困層を含めた一般民衆の溜飲《りゅういん》を下げ、ひいては習近平の独裁政治を容認する〝民心基盤〟を支える最大のものになっているからだ。

習近平が腐敗をしていることが国内で知れ渡れば、虚像が一気に崩れてしまう。彼に対する国民の不平不満はさらに高まり、それが党内の反対勢力と結合すれば、それはコロナ禍で起きた〝白紙革命〟を上回る反習近平運動の再燃につながりかねない。

米国側が彼の隠し財産の実態を把握し、それに対して何らかの措置を取ることができれば、それは米国にとり〝習近平恫喝カード〟となる。使いようによっては米国が習近平を制する手段の一つにもなりうる。

父の習仲勲夫妻を含めた習近平ファミリーを報じた彭博新聞

そしてそれが習近平の台湾侵攻を未然に阻止することへの有効なる要素となれば、アジアと世界の平和にとっては良いことであろう。

福州市党書記時代の習近平と一人娘の明澤。1995年ごろ。

第9章

台湾・頼清徳新政権のすべり出しを診断する

中国政府が怒り心頭に発した頼総統就任演説の中身

一線を超えて中国が世界全体の脅威であると訴えた新総統

本年5月20日、台湾の頼清徳新総統が就任演説を行った。

自らを「現実的な台湾独立仕事人」と称する頼氏は、いわば筋金入りの〝台湾独立派〟と一般的に認知されているが、今後4年間、特に中国との関係性に関してどのような方向性を目指していくのか?

このことは台湾人と国際社会の大きな関心事となっており、それを端的に示す就任演説の中身は当然、内外の注目を集めた。

演説の全文を丹念に読むと、おおむねバランスの取れたものであると評価できよう。そのなかで頼総統は自らの信念としての台湾独立に対する言及を避けた。それを封印しておきながら、「民衆主義と自由を台湾は譲らない」、「台湾は中国に隷属しない」と強く主張し、事実上の〝主権国家〟としての台湾の立場を貫いた。一方、彼はまた台湾海峡の平和の重要性を強調し、そのためには対中関係の〝現状維持〟を表明した。

こうしてみると、頼総統は蔡英文《さいえいぶん》前総統の対中穏健路線をおおむね継承していることがよく分かる。しかしながら、4年前に蔡氏が2回目の総統就任に際して行った「蔡英文版就任演説」と比べると、頼氏の就任演説は、「対中強硬派・頼清徳色」を明確に打ち出したものであると見てよいであろう。

まず注目すべき点は、頼総統は前回の蔡英文演説にはなかったことを口にした。彼は、「中国の軍事行動とグレーゾーンの威嚇は世界の平和と安定に最大の戦略的挑戦と見られている」と述べ、敢然と中国の〝覇権主義戦略〟を批判したのである。

蔡前総統を含めて台湾の指導者は、これまで中台関係の枠組みを超えてグローバル的な視野から中国の国際戦略や政策を批判することはあまりなかった。頼総統はある意味一線を超えて、中国が台湾のみならず、世界全体にとっての脅威であると訴えた。

そしてその延長線において頼総統はさらに、第一列島線に位置する台湾の地政学的重要性を強調した。いわば価値観外交の展開を通して民主主義共同体を形成、それをもって世界の平和と安定を守る決意を示した。

中国を「対岸」と呼ばなくなった頼総統

頼清徳新総統は、台湾は単に西側諸国からの支援を受けて台湾自身を守っていくのではなく、むしろ独自の戦略的地位を占める民主主義陣営の一員として、西側諸国と連携、中国の脅威から世界の平和と安定を守るために積極的な役割を果たしていくことを表明した。これは実に画期的なことであって、台湾が〝中国封じ込め〟の国際戦略に参加していくことの意思表明であるとも理解できよう。

頼総統はその演説のなかで蔡前総統よりもさらに一歩踏み込んで、台湾と中国がまったく〝対等的〟な関係にある二つの国家であることを強調した。それは、中国を指すときに用いる〝表現〟の変化にも現れていた。

4年前の蔡英文就任演説を再読すると、蔡氏が中国に言及するときには、「中国」という言葉を使うのを徹底的に避けていたことが分かる。実際、蔡英文演説の全文において中国という固有名詞はいっさい出なかったし、中国のことを指すときに蔡氏は常に「対岸」という地理上の概念を使っていた。

中国のことを「中国」と呼ばないのは一見奇妙なことだけれど、その理由はよく分かる。

というのも、外から中国のことを「中国」と呼ぶのは普通、〝外国〟の立場からの呼び方であるからだ。

台湾の総統が「中国」という言葉を使うと、要するに台湾を中国と〝区別〟して、「台湾が中国ではないこと」を表明することになる。それが「台湾が中国の一部」だと主張する中国政府を〝刺激〟してしまう恐れがあるからこそ、蔡前総統は無用の摩擦を避けるために公の場では「中国」という表現を使用しなかった。

だが、頼総統はいま、「中国」という固有名詞をあえて普通に使って、「台湾は台湾、中国は中国」という立場を明確に示しているのである。もちろんそれは、厳然たる事実でもある。

もう一つ注目しておきたいのは、頼総統は演説のなかで、「台湾を併合する中国の企みが止むことはない」と明言し、台湾国民に警告を発したことであろう。

台湾の総統が中国の台湾併合について、これほど明確な警告を発するのは初めてのことと思うが、その上で頼総統は「あくまでも幻想を抱かずに、中国の企みに対抗するための国防力の増強」を訴えている。

繰り返しになるが、対中関係については頼清徳演説は全体のトーンとしてはおおむね蔡前総統の穏健路線を踏襲しながらも、〝頼清徳色〟を強く打ち出したものとなった。中国からの脅威におおいに危機感を抱き、それに対抗して台湾を守り抜く強い決意を示したものであると、筆者は強く感じた。

頼清徳新総統とは対話の余地なし

あらんかぎりの罵倒語を並べた人民日報

周知のとおり、頼総統演説に対して中国政府は予想以上の激しい反応を示した。演説の当日、中国外務省報道官と台湾問題担当の国務院台湾事務弁公室（国台弁）は早速非難のコメントを発表した。

そして翌日の5月21日の人民日報は、何と第4面の紙面を丸ごと使って、頼清徳演説とその政権に凄まじい集中砲火を浴びせた。

その日の人民日報は4面では、「台湾」に関する9通の記事・論評を同時に掲載した。

前述の外務省報道官・国台弁コメントの掲載記事以外に、王毅外相や上海協力機構の秘書長、そしてキリバスという太平洋の島嶼《とうしょ》国家の大統領やパキスタン外務省報道官や名古屋外国語大学の川村範行名誉教授までが一斉に動員される形で、猛烈な「頼清徳批判キャンペーン」が展開された。

それだけを見ても、習近平政権が「頼清徳演説」にどれほど激怒しているかがうかがえた。筆者がさらに驚いたのは、今後の対話や関係改善にいっさいの余地を残さない、これまで例がなかったような〝敵愾心《てきがいしん》〟を露《あら》わにしたことであった。

例えば、人民日報掲載の「国台弁コメント」はこう記していた。「台湾地区指導者の演説は、台湾独立の立場を頑に堅持し、分裂の謬論を大いに広げ、両岸の対立・対抗をあり立て、外国勢力と武力を頼りにして台湾独立を謀《はか》ったものである。それは台湾独立の立場からの挑発であって、台湾海峡の平和と安定を破壊する危険なメッセージを発し、〝台湾独立工作者〟の本性を剝き出したものである」と、台湾の指導者に対してこれまで見たことのない強烈な個人批判を行った。

同じ人民日報4面に掲載されている「鐘一平」という署名の「頼清徳批判文」は基本的に上述の「国台弁コメント」の内容を復唱しているが、驚いたのはむしろ、頼総統個人に対する言葉使いの苛烈《かれつ》さであった。

「険悪なる腹づもり」、「無頼の極め付き」、「卑劣なる手段」「邪道に走っている」などなど、中国語としては最大限の敵愾心と嫌悪感を表すような〝下衆《げす》〟の罵倒語を並べていた。

中国共産党の歴史と文化を熟知する人なら、それらは本来は不倶戴天《ふぐたいてん》の敵に対する伝統的な罵詈雑言であり、中国共産党が相手を徹底的に叩き潰したいときのみに用いる〝慣用語〟でもある。

少なくとも現時点では、習政権は頼総統と頼政権について対話する余地のない台湾独立派と認定しており、徹底的に闘っていく姿に見える。

そして今後、習政権は金門島や台湾本島に対する軍事的あるいは準軍事的圧力を強め、経済手段も用いての外交政策で台湾の孤立化を図っていくのではないか。

当然ながらこれからの頼政権の4年間、台湾海峡の対立と緊張がますます高まることが予想されるが、台湾の主権と国家独立を守っていくための道のりは峻険《しゅんけん》であることは言うまでもない。前途は多難である。

国際メディアの刮目を浴びた頼総統による中国の矛盾と欺瞞

ロシアに対する旧自国領土の返還要求を放棄した中国

本年9月2日、台湾の頼清徳総統は、中国について実に意味深長な発言を行い、内外で話題をさらった。

同日に放送された台湾テレビ局年代電視の「雅琴看世界」という番組で、頼総統は中国が企む台湾併合について、「それは決して領土保全のためではない。領土保全というなら、中国はなぜ、アイグン条約でロシアに割譲した土地を取り戻さないのか」と語った。

頼総統が言及したアイグン条約とは、1858年に当時の清王朝とロシア帝国の間で締結された国境画定に関する条約である。この条約において、国内で太平天国の乱を抱えて弱体化した清王朝は、相手の軍事恫喝に屈した。清国領であったアムール川左岸の土地をロシアに譲ったのである。

清王朝終焉後の中華民国の時代、民国政府は一貫して当時のロシア政府と後のソ連政府に対してアイグン条約の不当性を訴え、領土争議を行ってきた。

ところが、1949年にいまの中華人民共和国になると、当時の毛沢東中共政権は〝ソ連一辺倒〟の外交政策の下で、ソ連との領土問題を長年にわたり封印した。

そして2001年、江沢民政権下の中国はロシアと調印した「中露善隣友好条約」において、「双方は相手に対する領土要求を持たない」と認め、事実上、ロシアに対する領土要求を永久に〝放棄〟したのである。

先の頼総統の発言は、まさにこのような歴史の経緯を踏まえたものに他ならない。彼はここで中共政権が中国の領土であったはずの土地を安易に手放した事実を指摘した。その上で「台湾が中国の領土だから、領土保全のために台湾を併合しなければならない」とする中国共産党の主張の矛盾点と欺瞞《ぎまん》性を〝喝破《かっぱ》〟したのである。

頼総統はさらにこう続けた。「したがって、中国が台湾を併合したいのは領土保全のためではなく、世界の公正なる秩序を破壊したいからだ」

反論できずだんまりを決め込む習近平政権

この頼総統の発言は海外の中国語SNSで大きな反響を呼んだ。同時に世界の有力報道機関からも刮目《かつもく》を浴びた。イギリスのロイター通信や米国のニューズウィーク、ワシントンポストなどは報道のみならず、専門家が頼発言に対して肯定的な論評を付け加えた。

こうした海外のレスポンスのなかで、もっとも迅速であったのはどこであったのか？　それはロシアであった。

9月3日、ロシア外務省報道官は記者会見上で「中露善隣友好条約」を持ち出して、「中露間の領土問題は存在しない」というロシアの立場を改めて表明した。

しかし、間髪入れずのロシア政府の立場表明とは対照的に、筆者がこの原稿を記した9月になっても、中国政府は一切反応を示さなかった。頼総統に名指しで批判され、矛盾を突かれた中国は、だんまりを決め込んだ格好であった。

中国政府は反論できるわけがない。頼総統発言に反駁《はんばく》しようものなら、逆にかつての領土をロシアに譲ったという自分たちの〝売国行為〟を、国内外に知らしめることになるからだ。ならば沈黙するのみである。それはまた頼総統の計算済みのことであろう。

筆者は、今回のような頼総統の巧妙な中国批判は、今後、いくつかの効果をもたらすだろうと思う。頼総統は、中国政府が反論できない論法を持って、台湾併合に関する彼らの主張の理不尽さを世界に示した。同時に秩序の破壊こそが中国の目的だと、中国の野蛮に対する国際社会の警戒心を〝喚起〟することにもなろう。

さらに言うならば、中共政権の〝売国行為〟を指摘したこの発言は、早晩中国国内に伝わっていく。それは当然ながら、中共政権に対する国民の懐疑と不満を増幅させることにもなろう。

こうして台湾の頼総統は、一石数鳥の効果で中国共産党政権に痛烈な一撃を与えた。できるだけ中国を刺激しないとする蔡英文前総統のスタイルと、頼清徳総統の政治スタイルはまったく異なっている。頼総統はむしろ積極的な〝攻め〟の姿勢で、中国と対峙《たいじ》しているのである。

COLUMN

中国の五輪メダリスト輩出システムの暗部に迫る（前）

タブーとなった人口当たりのメダル獲得数

日本時間8月12日に閉幕したパリ五輪。中国選手団は91個のメダルを獲得し、米国に次ぐ世界第2位となった。そして金メダルの獲得は40個、米国と並び、首位タイであった。

案の定、中国国内の官制メディアとネットは興奮気味で、「中華民族の偉大なる勝利」、「スポーツ強国の底力」との大歓声を上げていた。

ただその際、おおかたの中国人が決して口にしない、いわば共通の〝タブー〟が存在していた。要は、中国は世界第2位の人口大国でもあること。そして人口数からすれば中国のメダル獲得数は他の参加国よりも突出したものでもないことである。

たとえば米国と比べれば、中国の人口は米国の4倍以上だが、メダル獲得数は米国を下回った。あるいは金メダルに関して示せば、米国の1000万人当たりの金メダル獲得数は中国の4倍以上。そして日本の1000万人当たりの金メダル獲得数は中国の約5倍であった。

もっと言えば、メダル獲得数第4位の豪州の場合、1000万人当たりの金メダル獲得数は中国の24倍以上にもなる。

こうして眺めてみると、中国の五輪メダル獲得数の多さは国民全体のスポーツレベルの高さより、その人口数の膨大さに負うところが多いと結論づけられよう。

さらに問題となるのは、14億の国民のなかから100名弱のメダリストを生み出す、異様にして残酷な選抜・養成システムである。それは一言でまとめれば、国家の総力による「メダリスト輩出体制」となる。

日本のスポーツ庁にあたる国家体育総局

メダリスト輩出システムの要となるのは「国家体育総局」。ここは中央政府の国務院直属の中央官庁の一つだ。現在の局長の高志丹《こうしたん》氏は200余名からなる共産党中央委員会委員の一人でもあるから、中央政府における体育総局の立場は財政部（財務省）や国防部（国防省）と並んで、いわば重要官庁の一つとされている。

他方、さしずめ日本の文科省スポーツ庁にあたる「中国文化と旅行部」の場合、トップ（部長）の孫業礼《そんぎょうれい》氏は中央委員会の委員にはなっていない。つまり、体制中の地位と重要度からすれば、中国の体育総局のそれは日本の文科省よりも〝数段格上〟である。

この体育総局に課せられる重要任務の一つは、五輪を含むあらゆる国際的スポーツ試合とスポーツ大会の場に、トップクラスの選手を送り出してメダルを取らせることだ。そのために、体育総局は選手の選抜から訓練までの挙国体制を構築している。

このシステムではまず、全国3000以上の県と31の省・自治区・直轄市において、体育総局所属の体育学校を置く。県の体育学校の主な任務の一つは、県内で将来有望な子供たちを発掘。地元の体育学校に入れて徹底的に訓練し、そこからさらに有望な子供を選出して省・自治区レベルの専門体育学校に送ることである。

省・自治区レベルの体育学校に送られた少年・少女たちはそこでさらに厳しい訓練を受け、厳選された有望選手は北京にある体育総局・訓練局の訓練基地に送られる。

一流の訓練施設が用意された訓練基地には、競技ごとに一流のコーチが配属される。中国全土から選び抜かれた超少数精鋭の選手たちは、そこで五輪などの世界大会で優勝することを目指して徹底的な訓練を受けるのである。

体育総局が発表したところによると、五輪でメダルを勝ち取った中国選手の75

％以上はまさにこのコースをたどって上に上がり、最終の仕上げは体育総局の訓練局であるという。

もちろん、県レベルの体育学校に選ばれた選手たちに対するすべての訓練費用と生活費は国の負担となる。

こうして中国は国家のネットワークを駆使し、全国の億単位の子供たちから〝金の卵〟を選び出し、国家の総力で徹底的な訓練を施すことにより、100人足らずのメダリストを輩出するシステムを構築するに至ったわけだ。

第10章

中露・悪の基軸と台湾侵略戦争

1950年代の中ソ同盟の復活か?

きわめて広範にわたる共同声明の内容

本年5月16日、17日の両日、ロシアのプーチン大統領は中国を公式訪問した。中国の習近平主席は当日午前に天安門広場でプーチン大統領を出迎えて盛大な歓迎式典を行った。その直後には首脳会談が開かれ、両首脳は共同記者会見に臨み、「中露共同声明」が発表された。

午後には両首脳はそろって中露文化祭の開幕式に出席し、スピーチを行った。夕方、習主席はプーチン大統領と中南海をノーネクタイで散策しながら会談を行った。

このように習主席はプーチン大統領をもてなし、2人はかなり濃密な時間を共にした。これにより盟友同士の団結ぶりと親密さを内外に演じて見せたが、一連の首脳会談ではどのような話し合いと合意があり、どのような成果を上げたのであろうか。

それを端的に示しているのは、会談後に発表された「中露共同声明」であった。

以下は、昨年3月21日、習近平のロシア訪問の際に発表された「中露共同声明」との比較と、注目点である。

「新時代の全面的・戦略的協力・パートナー関係の深化に関する共同声明」と題する声明はタイトルどおり、あらゆる分野における中露間の戦略的協力強化を図ったものといえる。

その主な内容は以下のとおりで、きわめて広範にわたる。

①双方の主権・領土・安全など核心的利益に関わる問題での断固たる相互支持。
②共同軍事演習、海上・空中共同巡航などを含む軍事協力。
③両国間貿易規模の拡大、サプライチェーンの共同構築。
④投資の拡大。
⑤エネルギー・資源協力関係の強化。
⑥貿易・金融などの分野で人民元・ルーブル決済の推進と拡大。
⑦AI、ITなど先端技術分野での協力強化。
⑧航空製造業・造船業・自動車産業・電子工業・設備製造業・鉄鋼業・林業などの諸産業分野の協力強化。
⑨宇宙開発業での協力強化。

プーチンと習近平

⑩農業・食糧供給での協力強化。
⑪両国間物流の協力強化。
⑫インフラ建設・住宅関連の協力強化。
⑬北極開発の協力強化。
⑭一帯一路での協力強化。
⑮留学生派遣の拡大などの教育協力強化。
⑯科学技術交流の強化。
⑰文化交流の強化。
⑱衛生・医学の交流拡大。
⑲スポーツ・旅行などの分野やメディア間の交流拡大。
⑳青年間の交流拡大と強化。

このようにして習近平の中国とプーチンのロシアは、政治・軍事・経済・食糧・エネルギー・先端技術など国家の根幹に関わる分野で協力の拡大と強化を〝全面的〟に進めていく構えであり、国家レベルでの中露一体化はその当然の帰結となろう。1950年代の中ソ同盟を彷彿《ほうふつ》させるような事実上の同盟関係の構築を目指しているのが分かる。

異例な大分量・多方面にわたる米国批判

一方、この「中露共同声明」は数多くの国際問題に関し、米国とその同盟国を名指しで批判しながら、共同戦線で米国と対決する姿勢を鮮明にした。

声明のなかで米国とその同盟国に言及した箇所は下記のものであった。

①中露双方は、米国が世界全体と宇宙空間でミサイル防御システムを構築していることに関し、自国の軍事的優位を維持のため戦略的安定を破壊する米国の企みに厳重なる懸念を表明。

②米国とその同盟国がアジア太平洋地域でミサイル迎撃のための地上配備型ミッドコース防衛システムを配備することに対して厳重なる懸念を表明。

③米国のインド太平洋戦略が地域の安定と平和にマイナスの影響を及ぼしていることに対し、厳重なる懸念を表明。同地域において排他的な集団連携が構築されていることには反対と明言。

④米・英・豪形成の「AUKUS《オーカス》」がアジア太平洋の安定にもたらす結果に対し、厳重な

る懸念を表明。
⑤極東アジアにおいて軍事力を拡大、軍事集団を形成するという地域の力の均衡を変える米国の〝覇権的行動〟に反対。
⑥米国とその同盟国が軍事的威嚇行為を行い、北朝鮮を挑発し軍事衝突を引き起こそうとしていることに反対。
⑦米国はアフガニスタン問題に大いなる責任を負うべきであり、その国家的資金に対する凍結を解除すべきであると表明。

以上の7つの箇所で米国を名指しで批判した以外に、共同声明は随所において名指しこそしないものの、「一方的な覇権主義的政策で地域の安定を脅かす一部の国」のような表現で米国批判を展開した。

両国間の共同声明として、今回ほど大分量、なおかつ多方面において第三国のことを厳しく批判・牽制するのは極めて異例なことであるともいえる。

ルビコン川を渡ってしまった習近平

西側に完全に背を向けた中国

例えば2023年3月に習近平訪露の際に発表された中露共同声明を見ると、そのなかで米国の国名に触れたのは3箇所だけであった。

①米英豪連携の「AUKUS」に対する厳重なる懸念。
②米国による「ミサイル防御システム」の構築、特に地上配備型ミッドコース防衛システムの構築に対する懸念。
③米国は北朝鮮の合理的関心に行動で応えるべきとの指摘。

こうしてみると2024年版「中露共同声明」は、昨年3月の共同声明より反米色が一層強くなり、米国との〝対決姿勢〟を強めていることは一目瞭然である。

その一方、米国が中国に対しロシアの軍事産業への支援を停止するよう強く求めていることを念頭に、中露共同声明は、「双方は断固として自身の合法的権益を守り、両国関係の正常なる発展を阻止するいかなる企みにも反対する」と謳い、事実上米国の要求を撥ねつけた。

それに関連して、ウクライナ戦争に関する共同声明の言及はわずか数行でしかない。「話し合いによる問題解決」という中国側の従来の立場が表明される以外に何の具体的解決策も提示されていない。

そして人民日報発表の首脳会談の中身と記者会見における習近平発言から見ても、中国側はロシアに対して停戦や譲歩を促した痕跡《こんせき》はまったくない。

このようにして、米国と西側諸国が中国に対し、「ロシア側に立つのか、西側に立つのか」と厳しく問い詰めるなかで、結果的には習近平中国は西側に背を向けた。

プーチンのロシアと準同盟レベルの全面的関係強化に舵《かじ》を切り、旗幟鮮明に「反米・反西側共同戦線」結成に走った模様である。習主席はこれで、ルビコン川を渡ってしまった、とも言えるのであろう。

ついにフランスをも裏切った習近平中国

こうしたなか習近平中国はまた、ＥＵの最大の友好国であるフランスを完全に〝裏切る〟こととなった。本年5月5日から、習主席はフランス、セルビア、ハンガリーの3ヵ国を歴訪した。

フランスのマクロン大統領は習主席を盛大に歓待しながらも、一連の会談においてはロシアへの戦争支援を止め、戦争終結に向けて積極的な役割を果たすことを中国側に求めた。

そして首脳会談後の記者会見で習主席は「責任ある大国として、中国はフランスとともにパリ五輪を契機に、大会期間中の全世界での休戦を呼びかける」と述べ、マクロン大統領はこれに対し感謝を述べた。習主席はこれで事実上、パリ五輪中のウクライナ戦争の停戦をロシアに呼びかけることをマクロン大統領に約束したはずである。

しかしながら、5月16日における中露首脳の一連の会談において、習主席がプーチン大統領に対して〝停戦〟を呼び掛けた痕跡は一切なかった。

かつては仲の良かったマクロン大統領と

それは双方の発表からも分かるし、前述の共同声明においても、この件に関する言及は皆無であった。

もちろんプーチン大統領自身もこの件について触れたことはまったくない。つまり、パリ五輪停戦の話は首脳会談から完全に外されていると思われる。

これではマクロン大統領が中仏首脳会談で勝ち取った唯一の〝成果〟は、まったくの無意味となった。マクロン大統領の甘い期待は習近平によって見事に裏切られて、果実と面子の〝両方〟を失った。

しかしもしこれで、ＥＵとＮＡＴＯのなかでもっとも親中と言われたマクロンまでもが裏切られて〝習近平離れ〟に走ることとなれば、中国とＥＵ全体との関係がさらに悪化する可能性は十分にある。

プーチンの切り札に奮い立った習近平

中露共同声明のなかでもう一つ、非常に注目すべきポイントがある。台湾問題に関するロシアの意思表明だ。

２０２３年3月の中露共同声明では、台湾問題についてこう発表した。「ロシア側は台湾が中国領土の不可分な一部であると認め、あらゆる形の〝台湾独立〟に反対し、中国側が自国の主権と領土保全を守るためにとる措置を断固として支持する」。

それに対し、先般発表の2024年版共同声明はこうなっている。「ロシア側は台湾が中国領土の不可分な一部であると認め、あらゆる形の〝台湾独立〟に反対し、中国側が自国の主権と領土保全を守り、〝国家統一実現〟のための措置を断固として支持する」。

つまり今年の共同声明では、ロシア側として、中国の「国家統一実現のための措置を断固として支持する」との〝表現〟が新たに付け加えられたわけである。それは明らかに、ロシアは前回と違って、習近平中国による「台湾統一戦争」を支持する立場を明確に表明したと理解できよう。

それこそは、習主席がロシアとの準同盟関係結成に当たってもっとも欲しかったロシア側の態度表明であり、習氏にとって最大の〝外交成果〟であったに違いない。

一方プーチン大統領としては、中国からの政治・経済・外交上のあらゆる支援を引き出すため、全面支援を受けることへの見返りとして、習近平の台湾戦争を明確に支持するという〝切り札〟を使ったのではないか。

一時、自国軍の腐敗問題で台湾侵攻を躊躇《ためら》った習主席は、これで再び奮い立ち、妄動に傾く可能性が出てきた。中露・悪の基軸がアジアと世界全体の平和を一気に覆す台湾侵略戦争に走り出す危険性は十分にある。

COLUMN

中国の五輪メダリスト輩出システムの暗部に迫る（後）

メダリストの陰に山積みとなる淘汰された膨大な人材

今回のパリ五輪で金メダルを獲得した何人かの中国選手をトレースしてみると、容赦ない国家の意思を思い知らされた気がした。

例えば金メダル獲得の卓球選手の王曼昱《おうばんいく》さん。黒竜江省第2の都市であるチチハル市出身の彼女は、6歳のときに市の体育学校に見出された。そこから卓球一筋に打ち込み、現在に至る。

カヌー選手の孫夢雅《そんむが》さん（金メダル）。山東省棗荘《そうそう》市出身の彼女はわずか5歳で市の体育学校に選抜された。

競泳選手の潘展楽《はんてんらく》さん（金メダル）。浙江省温州市出身の彼に至っては、市の体育学校の競泳コーチに幼稚園在籍時4歳のときにその才能を見抜かれている。

以上のケースから分かるように、中国の五輪メダル獲得選手の多くは、幼年期に本人の意思とは無関係に、国家により選抜され、「メダリスト輩出システム」に組み込まれてきた。

彼らに楽しい子供時代があったとは思えない。幼い時期から特定のスポーツ訓練を強要されたことは、彼らの心身両面の成長にマイナスとなる可能性は十分にあり得る。考えるに、子供たちにとり、このような国家的「メダリスト輩出システム」に組み入れられたことは残酷そのものと、筆者は考える一人である。

北京で行われたパリ五輪代表団の結団式

当然ながら、彼らが最終的に五輪でメダルを勝ち取ったことは、長年の努力が報われ、失ったものを補うことができて、それは幸いには思う。だが、その幸運は勝ち組にしか与えられない。

国家の「メダリスト輩出システム」は〝冷酷〟な側面を備えている。幼年期から〝有望人材〟として選出されても、順風満帆の成果をものにする人は一握りにすぎない。

途中で淘汰《とうた》され離脱していった少年少女はおそらく数万人単位で存在するのは確実であろう。淘汰されたほうは、正規の教育を受けられる機会を一時的に奪われたはずで、それが彼らの人生のデメリットとなることもあったろう。

そして彼らの犠牲は中国の歴史の後方に葬り去られる運命にある。

単なる国威発揚の場でしかなかったパリ五輪

結局、五輪で成功したメダリストたちの背後には、人生を奪われた何万人単位の子供たちの犠牲が横たわっている。こういうことを継続的に行う中国の「メダリスト輩出体制」がどれほど残酷で反人間的なものであるのか。

そして中国が総力を挙げてこのようなことをやり続けてきた最大の狙いは、言うまでもなく「国威発揚」にある。

パリ五輪閉幕の当日、共産党中央委員会と中央政府の国務院は連名で中国選手団に祝電を送り、「貴方たちの奮闘は、中国の力量と中国の姿を世界に示し、中国の精神を広く伝播した」と褒め称えた。

そして人民日報は第一面で社説まで掲載し、「五星紅旗（国旗）を五輪の場で高く掲揚させたことは、14億人民の愛国心と民族的誇りを

パリ五輪メダル獲得数ランキング

	チーム	金メダル	銀メダル	銅メダル	合計
1	アメリカ	40	44	42	126
2	中国	40	27	24	91
3	日本	20	12	13	45
4	オーストラリア	18	19	16	53
5	フランス	16	26	22	64
6	オランダ	15	7	12	34
7	イギリス	14	22	29	65
8	韓国	13	9	10	32
9	イタリア	12	13	15	40
10	ドイツ	12	13	8	33

激発させた」と臆面《おくめん》もなく称揚《しょうよう》した。

筆者はこう捉えている。

中国共産党政権にとっての五輪はおよそ「五輪精神」とは何の関係もなく、単なる国威発揚の〝場〟でしかない。国民に「民族の誇り」を持たせるための道具であるに過ぎない。

この目的のために国家総力で「メダリスト輩出体制」をつくり上げて、幾万の子供たちの犠牲を顧みずにメダル獲得に邁進《まいしん》する。これがメダル大国中国の本当の姿であり、メダル大国となり得た核心なのである。

最終章

政治安全の死守が産み落とした習近平の支離滅裂

外資の中国投資8割減の要因となった改訂版反スパイ法の施行

矛盾する外資の投資拡大とスパイに対する当局の拡大解釈

2024年3月19日、中国中央政府の国務院は、『対外開放のレベルを上げ、外資導入とその利用度を確実に高めるための行動案』と題する公文書を公布した。要は「外資の導入と利用に、より一層尽力すべき」という趣旨の行動指針の発表である。

そのなかには、外資を受け入れる産業分野の拡大や外資企業に対する行政サービスの強化など24の「有力措置」が盛り込まれており、外資導入の促進に対する中国政府の熱意と真剣度が示されている。

こうした行動方針が出された背景には当然ながら、外資による中国投資の〝激減〟がある。

本年2月18日の国家外貨管理局の発表によると、2023年の外資の中国投資は前年比で82%減、30年ぶりの低水準であった。

だからこそ中国政府は昨年から、何とかして外資を呼び戻そうと躍起《やっき》になってきた。例えば昨年8月、国務院が「投資環境を優化させ外資導入の推進力を高める意見」を発表。翌9月に中国商務部（省）は「外資と対外貿易を安定させるためのテレビ電話会議」を開き、関係部門に対しあらゆる措置を講じて外資の〝中国離れ〟を食い止めるようハッパをかけた。

本年に入ってからも、李強首相は国際会議の出席や外国財界人との会見などの機会を利用して、中国政府による「開放政策の強化と拡大」をアピールする一方、自らがセールスマンとなって大手外資に中国投資拡大を要請してきた。

2月23日、李首相は国務院常務会議を主宰し、「外資の導入と拡大に関する政策課題」を討議した。沈没の最中の中国経済を救うために、国務院が外資を中国投資に誘い込もうと必死になっていることが見て取れる。

しかし他方において、外資の中国投資を徹底的に邪魔しているのも当の中国政府自身なのだ。その最たるものの一つは、昨年7月における「改訂版反スパイ法」の施行である。

この改訂版反スパイ法では、スパイ行為に対する定義の曖昧《あいまい》さでさまざまな〝拡大解釈〟が可能となっており、「機密情報でない情報」の取得もスパイ行為だと見なすようなとんでもない条項もある。

このような天下の悪法の下では、外国企業が中国でビジネス展開のために行う普通の情報収集活動もスパイ行為として摘発される危険性がある。

こうしてみると、昨年における外資の中国投資激減はこの改訂版反スパイ法の施行と決して無関係ではない。外資の中国離れを加速化させた最大の要因ではないか。

近付いてきた経済と政治の〝ダブル崩壊〟

ところが、この法律の施行と同時に、外資を中国に呼ぼうと懸命になっている中国政府の姿は、まさにチグハグで、〝滑稽《こっけい》〟にさえ見えてくる。

さらに摩訶不思議なことに、外資の中国離れが明確な流れとなったいまでも、習政権は依然として、外国企業の心胆を寒からしめるような「法改正・制定」を次から次へと断行してきた。

例えば本年2月に改正された「国家秘密保護法」は、国家機密ではない業務上の機密までを保護の〝対象〟にしたことで、外資企業の中国国内での活動はより一層難しくなった。

加えて3月、外資の中国進出の窓口として貢献してきた香港では、危険極まりない「国家安全条例案」が御用議会の立法会で可決された。これにより今後、投資家を含めた外国人はますます香港を敬遠することとなるのは確実だ。国際金融センターだった香港の沈没がより一層加速化するのが目に見える。

中国国務院が経済救済のため外資の呼び込みに躍起になっている一方、政権全体は、外資にとってのビジネス環境の破壊へ向かい狂奔している有様である。

筆者は幾度も申し上げてきたが、最大の問題はやはり習近平総書記自身に収斂《しゅうれん》する。彼には経済云々よりも「政治の安全の死守」が最重要テーマなのだ。そのために経済を犠牲にしても構わない。これが習政権の支離滅裂《しりめつれつ》の〝根底〟にある。

ひるがえって、同じ習近平グループのなかでも李強首相らは、自分たちの管轄範囲である中国経済全体の沈没が責任問題となることから、何とかして経済を救おうとしている。だが、政治を守るための悪法の制定や施行など、習主席のやることを誰も止めることはできない。結果的にはいまの習政権は、深刻な〝統合失調〟に陥ってしまった。このままでは経済の沈没は止まらないし、それにともなって政治の安全の成り立つ土台も崩れていく。

最後には習政権は、経済と政治の〝ダブル崩壊〟を迎えるのがオチであろう。

新たなる反腐敗闘争の展開を始めた中国

軍掌握の失敗を認めた習近平

本年6月17日から19日までの3日間、中国共産党中央軍事委員会は陝西省延安市にて「全軍政治工作会議」を開催した。同会議には習近平主席以下、軍事委員会副主席・委員全員、そして各戦区、各軍種の責任者が出席した。会議中に案の定、習主席は「重要講話」を行った。

会議の中身以前の問題として、このような会議の開催自体はまず、大いに注目すべき出来事だ。中国軍最高統帥部と各戦区・軍種の司令官たちが北京にある軍の中枢と各地の軍事拠点を3日以上に留守にし、延安という地方都市に集まって会議を行うことはやはり尋常ではない。

実際、6月20日付の人民日報一面トップに、会議の開催は「習近平主席の自らの意思決定によるもの」と報じられているから、会議にかけた習主席の意気込みが並々ならぬものであったことが分かる。

習主席はこの会議でどのような話をしたのであろうか。

前述の人民日報一面の公式記事によると、習主席は重要講話においてまず、中国軍がイデオロギー・規律などの面で「根深い問題を抱えている」と述べ、続けて「軍の直面する状況は複雑で入り組んでいる」と指摘した。

この件《くだり》を読んだ筆者は正直、驚きを禁じ得なかった。習主席は軍事委員会主席になってからすでに〝11年以上〟も経っているのだ。結局、自分自身による軍の掌握・管理がかなり失敗していることを半ば認めてしまうことになる。こうした弁明は一世一代の恥辱《ちじょく》になりはしないかと、筆者は思ったからだった。

それでも習主席があえてこのような厳しい現状認識を示して見せたのは当然、軍に対する引き締め強化への決意を示し、それを正当化するためであろう。

そのなかで習主席が特に強調したのは軍の腐敗問題であった。「軍は腐敗分子の〝隠れ家〟になってはならない」、「〝新たな〟タイプの汚職や隠れた汚職を処罰するための手段を充実させる」とした上で、軍における「新たなる反腐敗闘争」の展開を表明した。

つまり、習主席が全軍の主要幹部を延安に集めて3日間に及ぶ長期会議を開いた最大の目的は、軍におけるさらなる反腐敗闘争展開の〝意思表明〟のためだったのである。

主席夫人の地位確立のための障害物一掃の可能性

それと関連してもう一つ注目すべきなのは、習主席が講話のなかで10年前開催の「古田全軍政治工作会議」に言及したことであった。

党と軍のトップになった2年後の2014年10月、習主席は福建省の古田村という〝毛沢東紅軍〟ゆかりの地で初めての「全軍政治工作会議」を開いた。実はこれは、同じ年から始まった「習近平軍粛清」の推進会議でもあった。

実際、会議前の2014年6月、軍事委員会元副主席の徐才厚《じょさいこう》が粛清され、会議後の15年4月、元軍事委員会第一副主席・制服組トップだった郭伯雄《かくはくゆう》も粛清の憂き目にあった。そしてそれを持って習主席による第1回目の大規模な軍粛清が終了した。

したがって、その10年後に開かれた今回の「全軍政治工作会議」はまさに、習主席による2回目の本格的な軍粛清のための動員会議と見ていい。彼は10年前と同じようなことを、もう一度やろうとしているのである。

さらに、今回の全軍政治工作会議の開催場所に延安が選ばれたことにも大きな意味がある。1942年、延安を本拠地とする中国共産党は、毛沢東の指揮下で「延安整風《せいふう》運動」と称する党内粛清運動を展開し、毛沢東本人の〝独裁的地位〟はこれで確立された。

こうしてみると、習主席が延安を今回の工作会議の開催地に選んだ理由はやはり、かつての毛沢東にならって粛清運動の展開により自らの独裁地位をより一層固めることにあろう。

昨年7月から、習主席がロケット軍の前司令官・元司令官、そして中央軍事委員会装備発展部の主要幹部、国防大臣などを対象に粛清を行い、それが一段落したと思われた。だが、その読みは浅薄だったようだ。いまから見れば、これまでの粛清は単なる〝序曲〟にすぎない。これから本番としての軍粛清が大々的に展開されていく見通しだ。

こうなったことの背景には、「根深い問題」という習主席自身の言葉で示されているような、中国軍における腐敗問題の絶望的な根深さと、習主席の軍支配に対する軍全体の〝抵抗感〟が横たわっているのではないか。

もう一つ、筆者が幾度か取り上げてきた「習主席夫人の軍人事関与」が事実であれば、これからの軍粛清の展開は夫人の意向も反映している可能性もあろう。つまり、これからの粛清は、軍における夫人の地位確立のための〝障害物一掃〟となるわけである。

今後、習近平の軍粛清はどのような規模、どのような形で展開されていくのか注目したいところだ。

粛清運動の展開によって習政権の台湾侵攻が大幅に遅れるようなこととなれば、われわれとしては大いに歓迎すべき事態であろう。

突如として毛沢東路線から鄧小平路線に切り替えた真意

何の具体策も打ち出せなかった3中全会コミュニケ

本年7月15日から18日の4日間、中国共産党は第20期中央委員会第3回全体会議（3中全会）を開催した。

本来であれば昨秋あるいは昨年末に開催されるはずの「3中全会」が半年以上も先延ばしされての開催であったことから、同全会では何か重大なる政策決定がなされるのではないかとの観測が広まっていた。

加えて、ここにきて中国経済が崩壊寸前の緊迫状況なのを鑑み、国内外の市場関係者からは起死回生策の発表があるのではないかとの声が盛大に上がっていた。

しかしながら、会議閉幕後の18日に3中全会のコミュニケが発表されると、あらゆる期待は打ち砕かれてしまった。

3中全会は一応は「中国式現代化」という長期的ビジョンを提示し、2029年での完成を目指した「改革深化」の方針を示した。だが、それは以前から唱えられてきた悠長な机上の空論に過ぎず、何の新鮮味も実効性もない。

一方、焦眉《しょうび》の急とされる経済問題への対処に関しては、何の具体策も打ち出されないままであった。結局、今回の鳴り物入りの3中全会は、いつまでも先延ばせないから一応やることはやった。そんな煮え切らない感じの印象であった。実際、ほとんど内実のない会議に終わった。

さらに全会開始時から、中国共産党の宣伝機関は全力を挙げて「改革」「改革の深化」という言葉をお題目として唱え、この3中全会を「改革深化の歴史的重要会議」に〝粉飾〟しようとした。

そして18日に発表された同全会のコミュニケは、「改革」という言葉を50回以上も使い、「改革をより突出した位置に置き、さらに深化させなければならない」と訴え、あたかもこれからは本格的な改革を行おうとするような姿勢を示した。

新華社紙面に久々に登場した「鄧小平理論」の怪

習近平政権になってからの12年間を振り返ってみたい。

習近平独裁体制が確立された政権2期目から、習近平政治の方向性と最大の特徴は、鄧小平の改革路線からの離反であり、毛沢東政治への逆戻りであった。それがここに来て突如、習政権は声高らかに「改革」を唱えるようになった。

それは一体なぜなのか？

内憂外患《ないゆうがいかん》の難局打開に万策尽きた習近平政権は、「溺れる者は藁をも摑む」が如く、今日においても国民全体に人気の高い鄧小平改革に縋る以外に局面打開の手はない、との結論に至ったということである。

実際、3中全会が始まってから人民日報などが行った宣伝を見ると、「改革」を盛んに唱えると同時に習近平と並んで鄧小平の名前も頻繁に引っ張り出してきているのだ。あたかも習近平こそが鄧小平改革の真の継承者であるとの論調を展開している。

3中全会が開幕した7月15日には、国営新華社通信が「改革家・習近平」と題する論評記事を配信し、習氏を「鄧小平以来の卓越した改革家」と持ち上げた。そして全会のコミュニケもまた、本当に久しぶりに「鄧小平理論」に触れていた。

しかしながら、ここに至って、鄧小平改革に縋る以外に打つ手がないのは、習近平路線の破綻を意味し、習近平が鄧小平路線に対して〝白旗〟を挙げたことをも意味している。筆者としてはそう捉えざるを得ない。

さらに注目すべきなのは、3中全会のコミュニケの「習近平思想」に対する扱い方が〝冷淡〟になった点であろう。

昨年2月に開かれた2中全会コミュニケは、習近平思想に4回触れて、「習近平思想の全面貫徹」、「習近平思想を指針としなければならない」、「習近平思想教育の全面展開」などと習近平思想を高らかに持ち上げていた。

ところが今回の3中全会のコミュニケが習近平思想に触れたのは一度だけであった。しかもそれは、毛沢東思想や鄧小平理論に触れた後での必要最低限の形式上の言及であった。習近平主宰の党の全体会議が「習近平思想」をこのように取り扱うのはまさに異変であり、尋常なことではない。

これが習近平自身の意思によるものか、党内の圧力に屈したことの結果なのかいまの時点では不明であるが、習近平の一枚看板である習近平思想の後退は、国家元首の挫折と敗退に他ならない、

それが中国政治にどのような影響を与えていくのかは、今後刮目すべき最大のポイントである。

2024年「北戴河会議」を人民日報で検証する

減少した習近平の人民日報第一面への登場回数

先に筆者は在米中国知識人の呉祚来氏がSNSで発進した「北戴河政変」と「北戴河8項目コンセンサス」を大きく取り上げた。その文面から並々ならぬ信憑性と真実味を感じ取ったからだ。

今回は、北戴河会議終了後の8月17日から30日までの2週間分の人民日報第一面の内容をチェックして、「ポスト北戴河」において、中国の政治面で何か顕著なる変化が起きて

いるのかどうかを検証してみたい。

呉祚来氏が伝えた北戴河8項目コンセンサスのなかには、「②個人崇拝を止め集団的指導体制に戻るべき③党と政府の仕事の分担を明確に決め、党は国務院の仕事に干渉、代行してはならない」が記されている。

17日からの人民日報第一面に、習近平主席が何らかの形で登場する〝頻度〟と、習近平に対する反抗色を強めた国務院総理・李強氏の登場頻度を比べるのは、ポスト北戴河の変化を捉える一つの〝目安〟となるのではないか。筆者はそう思った。

検証の結果、2週間の人民日報第一面に習近平が何らかの形で登場したのは7回、まったく登場しなかったのも7回であった。その間人民日報の第一面でクローズアップされ、写真が大きく掲載されたのは21日と23日の2回のみであった。

これまでの人民日報第一面への習近平の〝突出〟した登場頻度と比べると、「個人崇拝」については消滅したとは言えないものの、確実に熱が冷めた感じが認められた。

他方、同じ2週間において、李強が単独で人民日報の第一面に登場したのは8回であった。習近平よりも多かったのである。

外遊関係の報道以外には、首相としての国務院会議主催などの国内活動を頻繁に行っていることが詳しく報じられていた。

3項目で変化が見られた北戴河8項目コンセンサス

李強首相に関しては、あれほど〝反習近平色〟を明確にしたにもかかわらず、首相としての地位は安泰であること。そして、国務院会議が増えていること。これらを考えると、いわゆる北戴河8項目コンセンサスで合意したとされる上記②と③が効果を発揮し始めたことの現れであるのかもしれない。

さらに8月29日、習近平は国家元首として格下のサリバン米大統領補佐官との会議に臨み、「米中関係の安定的かつ持続的発展に対する中国の決意に変わりはない」と米中関係改善への意欲を見せた。

だが、それは例の「北戴河8項目コンセンサス」の「④欧米との関係を修復・改善しなければならない」が効果を発揮し始めたことの証拠である可能性があるのではないか。

以上、8月17日から月末までの2週間の人民日報第一面報道から、「北戴河8項目コンセンサス」の真実性を再検証してみた次第である。

結論的に言えば、北戴河会議では習近平への個人崇拝の熱量が下がったこと、李強氏を総理（首相）とする国務院の復権、そして米中関係改善などについて、何らかの合意が達成された可能性は否定できない。

しかし、だからと言って、習近平の地位と個人独裁体制が根本から崩れたわけでもない。いまの段階で、北戴河で起きたことはクーデターとは言えない。

その一方、北戴河後の変化は、内憂外患のなかで党内の圧力に一時的に屈したように演じた習近平の〝養晦《ようかい》戦術〟の可能性も否定できない。

かつての毛沢東は「大躍進政策」の失敗により、いったんは劉少奇一派に譲歩し、数年間隠忍したこともあった。しかしその後、「文化大革命」を発動して劉少奇一派を打倒、死に追いやった。

ことほど左様に、いまは形勢不利にある習近平は毛沢東にならい、しばらく隠忍して権力基盤を立て直す肚なのかもしれない。

習近平政権内の権力闘争が収束することはない。それだけは断言できる。

さらなる墓穴を掘った習近平の対アフリカ「バラマキ外交」

CCTVニュースと人民日報から消えたバカ殿のバラマキ宣言

本年9月5日、北京で開催されたのは、中国がアフリカ53ヵ国首脳を招いた国際会議「中国アフリカ協力フォーラム」。習近平国家主席は基調演説を行い、中国は今後3年、アフリカ諸国支援のため総額3600億人民元（7兆2000億円）余りの資金を拠出すると宣言した。

かねてより習主席はアフリカに対する資金援助や債務減免を盛んに行ってきたため、国民からはバラマキ外交と揶揄され、きわめて不評であった。ところが、中国経済が絶不調に陥り、大半の国民が塗炭の苦しみにあえいでいるなか、習主席が再びこのような馬鹿げたことを派手に宣したことは、当然ながら国民の神経を逆撫でることになった。

実際、9月5日に習近平のバラマキ宣言が出た直後、誰も習近平を名指しはできないものの、中国のSNSでは早速、こんな揶揄があふれ返った。

「道楽息子が、無理をしてお友達を増やすために金をばら撒いて、先代がつくった財産を食い潰している」

新華社通信によると、習近平が上述のバラマキ宣言を行ったのは5日午前であったが、同日北京時間19時から放送されたCCTVニュースにおいて、〝異変〟が起きた。同ニュースはさしずめ日本ならば、午後7時からのNHK総合テレビのニュースに置き換えられよう。

同番組は午前の習近平演説を延々と紹介したのだが、「3600億人民元拠出」という重要発言には一切触れなかった。

翌6日発行の人民日報は第一面で、習近平演説を大々的に取り上げたが、ここでも「3600億人民元拠出」に関するニュースは除外されていた。

他方、日本のNHKニュースや日テレニュースでは「中国　習近平国家主席　アフリカ諸国へインフラなどへ7兆円余り拠出」と大きなニュースとして取り上げていた。

国民の目からは覆い隠したほうが正解と判断した最高指導部

このようにCCTVと人民日報が軌を一にして習近平の国際会議での公開発言を隠蔽したのは、前代未聞の珍事ではあった。この背後には何があったのか。

考えられる可能性が4つほど浮上してくる。

①習主席が国内におけるバラマキ宣言の悪影響を考慮し、自ら隠蔽を指示した。

②習主席側近が同じ理由で指示した。

③バラマキが宣言されたあと、民衆の反発が予想以上に激しかったことで、習政権はやむなくそれを覆い隠した。

④党内、特に最高指導部のなかでバラマキ宣言に対する強い反発があって、最高指導部の総意として、それを覆い隠すことになった。

筆者としては、①の可能性はもっとも低いと考える。民衆の反発を恐れるのなら、習近平は最初からこのような宣言は行わなかった。また、己の過ちを直ちに認めてそれを改めることは、習近平という独裁者の〝素性〟とは合致しない。

②の可能性もかなり低い。習近平側近は蔡奇はじめイエスマンばかりだから、習近平の同意なしに主席の発言を勝手に隠蔽することはあり得ない。

③の可能性も高くはない。習近平のバラマキ宣言が行われたのは9月5日の午前中で、同日19時のCCTVニュースではすでにそれを隠蔽した。政権関係者がこの短時間で民衆

の反応を収集・整理し、その報告がさらに上層部に到達するには〝早過ぎる〟のである。少なくとも数日間を費やすはずだからだ。

そうなると、残るのは④の可能性しかない。つまり、最高指導部の誰かが習主席のバラマキ外交に強烈な反対を呈した結果、指導部の〝総意〟としてとりあえず再検討することになったのではないか。

指導部としては、これは国際会議における習近平の発言、約束であることから撤回することはできない。けれども、中国民衆の目からは覆い隠したほうが正解であるとの〝解〟を出した。

李強の中国アフリカ協力フォーラムでの消極的な振る舞い

それではいったい最高指導部の誰が、習近平のバラマキ外交に強硬に反対したのであろうか？　ここで注目すべきなのは、今回の「中国アフリカ協力フォーラム」に対する李強首相の振る舞いであった。

9月6日の人民日報が次のように報じた。

前日の5日、同フォーラムにおいて習近平の基調講演後、多くの諸国の元首・首脳らが会談、交流し関係を深めた。

同日、中国共産党最高指導部メンバー全員が出動し、各自が分科会を主宰したり、習近平の代わりに各国首脳と意見交換を行っている。

内訳を紹介しよう。政治局常務委員・全人代委員長の趙楽際氏は「治国理政」と題する分科会を主宰するかたわら、2国の大統領との会談を持った。

政治協商会議主席の王滬寧氏は「工業化と農業近代化」分科会を主宰、ザンビア大統領、チュニジア首相と会談している。

政治局常務委員の蔡奇氏、習近平の一番の側近は「平和と安全」分科会を主宰し、2人の大統領と会談を行っている。

さらに政治局常務委員筆頭副首相の丁薛祥氏は「一帯一路」分科会を主宰。アフリカの複数の大統領・首相と意見交換を行っている。

最後に政治局常務委員会の李希氏は、やはりアフリカの複数の大統領・首相と話し合いの場を持った。彼は共産党の規律検査委員会のトップであり、まったくお門違いの人選とも思われた。

こうしたなかで、アフリカの指導者たちともっとも消極的な関わり方をしたのが党内序列2位の李強首相であった。

李強氏は5日にこの場に顔を出したとはいえ、他の最高指導部メンバーとは一線を画して、分科会を主宰することはなかった。一度だけエチオピア大統領でなく、首相と会談を持ったのみで、出番が非常に少なかったという印象を与えていた。

さらに驚いたことに、中国とアフリカ諸国との「工業化と農業近代化」分科会は仕事の担当からすれば、このような性格の分科会はどう考えても李首相が主宰すべきであった。にもかかわらず、主宰は経済とは甚だしく畑違いの学者出身の王滬寧がその役目を務めた。

これも異常事態といえた。その理由については、習近平による一貫した「李強排除」の可能性もある。けれども、もう一つ考えられることがある。それは8月の北戴河会議の前後から〝反習近平色〟を強めた李強氏が、国内経済の厳しい現状を無視した習近平のバラマキ外交に対し怒り心頭に発したことである。

そこで李首相は今回の習近平アフリカ外交から意図的に距離を置くことにしたのではないか。李首相は自らの行動をもって、習近平のバラマキ外交に対する不満を表明するとともに、自分はこうしたバラマキ外交とは〝無関係〟であることを国民に示したかったのではないか。

あんな馬鹿げたことをやったのは習近平で、自分ではないぞ。習近平と一緒にしないでくれと。


こうしてみると、習主席のバラマキ宣言の直後にCCTVと人民日報がそろってそれを隠蔽した理由も透けて見えてくる。習主席による勝手なバラマキ宣言に李首相が猛反発したことの結果、最高指導部内でそれをとりあえず覆い隠す合意となったとの構図が成り立つわけである。

この一連の経緯から、8月の北戴河会議において、習近平個人独裁体制が大きく揺らぎ、集団的指導体制が部分的に復活している観測の信憑性は、いよいよ増してきたといえよう。

<著者略歴>

石平（せき・へい）

1962年中国四川省成都市生まれ。1980年北京大学哲学部入学。1983年頃毛沢東暴政の再来を防ぐためと、中国民主化運動に情熱を傾ける。同大学卒業後、四川大学哲学部講師を経て、1988年留学のために来日。1989年天安門事件をきっかけに中国と「精神的決別」。1995年神戸大学大学院文化学研究科博士課程修了。民間研究機関に勤務。2002年『なぜ中国人は日本人を憎むのか』を刊行して中国における反日感情の高まりについて先見的な警告を発して以来、日中問題・中国問題を中心に評論活動に入り、執筆、講演・テレビ出演などの言論活動を展開。2007年末日本国籍に帰化。14年『なぜ中国から離れると日本はうまくいくのか』（PHP）で第23回山本七平賞を受賞。著書に『「中国大恐慌」時代が始まった！』『やっぱり中国経済大崩壊！』『中国経済崩壊宣言！』『習近平・独裁者の決断』（ビジネス社）、『中国の脅威をつくった10人の政治家』（徳間書店）、『「天安門」三十年　中国はどうなる？』（扶桑社）、『なぜ論語は「善」なのに、儒教は「悪」なのか』（PHP）など多数ある。

中国大恐慌の闇

2024年11月1日　　第1刷発行

著　者　石平

発行者　唐津隆

発行所　株式会社ビジネス社

〒162-0805　東京都新宿区矢来町114番地 神楽坂高橋ビル5F
電話　03(5227)1602　FAX　03(5227)1603
https://www.business-sha.co.jp

〈ブックデザイン〉中村聡
〈本文組版〉茂呂田剛（エムアンドケイ）
〈印刷・製本〉中央精版印刷株式会社
〈営業担当〉山口健志
〈編集担当〉本田朋子

ISBN978-4-8284-2666-2

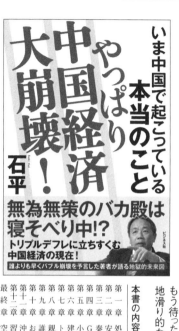

「中国大恐慌」時代が始まった！
日本のバブル崩壊を超える大惨事

定価1650円（税込）
ISBN978-4-8284-2622-8

石平……著

崩壊はバブルだけではない！

中央宣伝部、国家統計局、国家安全部による国家ぐるみの捏造、隠蔽、八百長政策の内幕を暴く！

あらゆる契約が無効になる!?

中国のビジネスは終わった

本書の内容